認知言語学演習 1

解いて学ぶ
認知言語学の基礎

瀬戸賢一＋
山添秀剛＋小田希望 著

大修館書店

はじめに

　本書は，『認知言語学演習』（全3巻）の第1巻です。認知言語学や言語学一般およびことばに興味をもつ大学生・大学院生および若手の研究者用に書き下ろされた，わかりやすい解説付きの問題集です。第1巻は，第2巻・第3巻へ進むための基礎と考えてください。基礎は初歩ではありません。ものの見方を身につける大切な土台です。

　問題集は，テキスト・参考書で一通り学んだ内容を実践的に確かめ，自らペンを持って課題を解くことによって，解決力・探究力を高めるためのものです。幸い，役立つ参考書はすでにいくつか出版されていて，著者のひとりも，ジョン・テイラーとの共著『認知文法のエッセンス』（大修館書店）を公刊しています。以来，これらとペアを組むような演習用の問題集があればいいのに，と願うようになりました。

✓ 参考書＋問題集は最強のコンビ

もちろん，本書は単独で使えるようにあらゆる工夫がなされています。

　ことばの研究の目的は，つきつめると，人間とは何かを言語分析を通して知ることではないでしょうか。そのためには，まず発想法や考え方を学び，問題の糸口を見出し，探究の筋道を立て，言語データによる裏づけをとって，最後に解決案を提示することです。要するに，

✓ problem（解決を要する問題）⇒solving（解くこと）

に向けて着実に進むことです。そのためには，訓練を通して心身を鍛えなければなりません。頭でっかちにならず，ひとつずつ解法のコツを身につける努力をすることが大切でしょう。理論と実践のバランスをとることです。

　レポートや論文を書かなければならないとき，テーマが偏りがちになっていませんか。視野が狭くなってないですか。理論が肥大しすぎていませんか。ことばの問題にはふつう多くのことが絡まってくるので，あまりに単純化しすぎないことが大事です。ある程度は仕方ないでしょうが，切り捨てた先に，思わぬ重要なヒントが隠されていたりします。

　本書は，このような実情を踏まえて，数多くの演習問題を体系的に配置し，実践的な解決法を示し，複眼的な視点の重要性を説き，新しい言語研究のノウハウを一から体得させることを狙っています。

✓ 目標は，強靭な問題解決力をつけること

　この旗をうんと高く掲げます。風に翻る姿にときどき目をやりながら，全力で問題に取り組んでください。

本書の構成と執筆分担の概要は次のとおりです。

《第1巻》
第1章　ことばの〈解釈〉，世界の〈解釈〉……瀬戸賢一
第2章　どこまでいってもカテゴリー　……瀬戸賢一

《第2巻》
第3章　多義のざわめき　　　　　　……山添秀剛
第4章　ことばをつなぎ止める　　　……小田希望（1節）
　　　　　　　　　　　　　　　　　　瀬戸賢一（2節）

《第3巻》
第5章　構文の力　　　　　　　　　……山添秀剛（1節・2節）
　　　　　　　　　　　　　　　　　　瀬戸賢一（3節）
第6章　話せばわかる　　　　　　　……小田希望

　これはあくまで原稿執筆時の割り振りです。すべての原稿は相互に検討し，質量ともに大幅な改訂を加えました。とりわけ原稿の一部を授業で用いて，学生の反応を見て加除や入れ替えができたのは幸いです。これらのすべての過程で著者の3名は，自由にざっくばらんに意見を述べあい，その点からも，本書は最初の1ページから最後の1ページまで著者3名が対等に責任を負うものです。

　原稿を整えるにあたっては，佛教大学（京都），札幌学院大学（札幌），就実大学（岡山）の学部生・院生から率直な意見が数多く寄せられました。それらの多くは本書に生かされています。最終稿を仕上げる段階では，佛教大学文学研究科の院生である隅田貴博君と越川友子さんから献身的な助力を得ることができました。とくに図表については，隅田君の貢献が大です。また，校正に関しては，院生の大野暁恵さん，学部生の近藤美樹さん，永井喜嵩君から若い力を借りることができました。

　この間，長期にわたり，辛抱づよく待っていただいた編集部の金子貴さんには頭の下がる思いです。編集実務に関しては，長年のお付き合いのある康駿さんと新たに加わられた佐藤純子さんの的確な誘導がありました。著者のわがままを最後まで快く受け入れてもらい，丁寧に仕上げて世に送り出していただいたことに衷心よりお礼を申し上げます。

　2016年初秋

瀬戸賢一
山添秀剛
小田希望

認知言語学演習①

解いて学ぶ　認知言語学の基礎

目　次

認知言語学演習①

解いて学ぶ 認知言語学の基礎 ……… 目次

▶▶▶ はじめに…………… iii

第1章 ことばの〈解釈〉、世界の〈解釈〉……… 3

▶▶▶ 1節……〈解釈〉とは何か…………… 6

▶▶▶ 2節……身体とエコロジー…………… 24

▶▶▶ 3節……主体性…………… 39

第1章で学ぶ用語

解釈, 身体性, 主体性, 百科事典的知識, スキーマ, 事例, 個物, プロファイル, ベース, ドメイン, フレーム, シナリオ, ノルマン・コンクェスト, 句動詞, 生態的地位, 共感覚表現, 図と地, tr(トラジェクター), lm(ランドマーク), ものと関係, 元型, リングサイド効果, 現象文, 臨場する視点, 自由間接話法, 新情報, 文法的倒置, 主体的倒置, 一般化の you, 主体的移動

第2章 どこまでいっても カテゴリー …… 65

▶▶▶ 1節……カテゴリーの性質…………… 68

▶▶▶ 2節……カテゴリーとサブカテゴリー…………… 85

▶▶▶ 3節……プロトタイプ……101

◆ **第2章で学ぶ用語**

カテゴリー, 個物, サブカテゴリー, 類, 種, 上位カテゴリー, エレメント, メンバー, 包摂分類, 分節分類, 有界の, 生態的地位, プロトタイプ, 基本レベル, 内包, 外延, 素性, 特性, 住み分け, 交差分類, 自然種, 名目種, パーティクル, 恣意性, 動機づけ, ヘッジ, PC, 有標, 無標, 対偶命題

▶▶▶ 参考文献……123

▶▶▶ 英和対照用語一覧……135

▶▶▶ 事項索引……137

▶▶▶ 英語語句索引……141

日本音楽著作権協会(出)許諾第 1611037-601 号

認知言語学演習②
解いて学ぶ 認知意味論……目次

第3章　多義のざわめき
- 1節　メタファー
- 2節　メトニミー
- 3節　多義性
- 4節　文法化

第4章　ことばをつなぎ止める
- 1節　名詞をグラウンディングする
- 2節　動詞をグラウンディングする

認知言語学演習③
解いて学ぶ 認知構文論……目次

第5章　構文の力
- 1節　世界の切り取り方
- 2節　構文の種類
- 3節　イディオム・コロケーション

第6章　話せばわかる
- 1節　ことば・文化・思考
- 2節　語用論
- 3節　テクスト・談話

本書の構成

◆**章冒頭の構成**
- ▶章冒頭解説：各章の節ごとの要点と解説
- ▶《この章で学ぶ大切な用語》：各章の主な専門用語のリスト

◆**節の構成**
- ▶節冒頭解説：各節のテーマごとの要点と追加解説
- ▶基本問題：おもに日本語を対象とする基本問題
   設問，アプローチ（解答への指針），解答と解説（一体記述）
- ▶基本確認問題：**Review，演習A，演習B**
- ▶応用問題：日本語と英語を対象とする応用問題
   設問，アプローチ（解答への指針），解答，解説
- ▶応用確認問題：**Review，演習A，演習B**
- ▶発展問題：おもに英語を対象とする発展問題
   設問，アプローチ（解答への指針），解答，解説
- ▶発展確認問題：**Review，演習A，演習B**

◆**章末の構成**
- ▶**章末要点チェック**：章の各節ごとの確認問題
- ▶**実力問題A**：章のテーマに関する実力養成問題
- ▶**実力問題B**：章のテーマに関する実力錬成問題
- ▶**探究テーマ**：章のテーマに関する研究問題
- ▶**探究への道**：章のテーマに関するトピックごとの文献案内

◆**役立ち情報**
- ▶**エッセンス**：左サイドに ✓ で表示
- ▶ **☞ここがポイント！** ：最重要ポイントの表示
- ▶参考情報：関連情報を囲み記事で表示
- ▶図表：理解を助ける視覚的表示
- ▶参照箇所：（☞○○）で表示

◆**索引**
- ▶英和対照用語一覧，事項，英語語句

◆**参考文献**
- ▶1．認知言語学の概説書
   (a) 日本語文献　　(b) 英語文献
- ▶2．著書・論文
- ▶3．辞書・事典
- ▶4．コーパス・サーチエンジン・ウェブ情報など
- ▶5．引用例出典

本書の利用法

◆目的に応じて

▶認知言語学の基礎を広く学ぶ人のために：
各章各節の冒頭解説をゆっくり読むことを勧めます。もっとも効率よく認知言語学のエッセンスが吸収できるでしょう。

▶認知言語学の基本的な考え方をしっかり学ぶ人のために：
1章と2章は，認知言語学の入門書として役立ちます。基礎に手厚く，土台となる知識と考え方が確実に身につくでしょう。

▶認知言語学を深く学ぶ人のために：
章立ては基礎から順に並ぶので，冒頭解説，問題，演習にじっくり取り組んでください。理論と課題解決の力がともにつくでしょう。

▶認知言語学の各トピックを探究する人のために：
1章と2章は総論（第1巻）です。3章から6章は各論（第2巻，第3巻）であり，その構成は次の通りです。

章立て	主なテーマ	主な表現レベル
3章	多義	語
4章	グラウンディング	句
5章	構文	文
6章	語用論	テクスト

一通り基礎力のある人は，テーマごとに興味のある章から読み進めましょう。

▶認知言語学を研究する人のために：
各章の問題・演習などは，新たな視角からより深く研究を進めるための入り口になるでしょう。本書で示される問題の解答は，たいていそれで完結するのではありません。より進んだ解決法を見つけるためのきっかけとして利用してください。

▶認知言語学を教える人のために：
豊富な問題のいくつかは，授業のヒントになるでしょう。類題作成に役立ち，さらにオリジナルな小テスト作りの手助けにもなるはずです。

◇レポート・論文の作成のために
各種の問題は，自らのアイデアを展開するための糸口になるでしょう。独自のテーマ発見のための見本帖としても活用してください。

◇試験対策のために
学期末テスト，編入学試験，大学院入試などの対策本としても有用です。

◇自学自習のために
『認知文法のエッセンス』（大修館書店）をはじめとする各種の参考書・テキスト（☞参考文献1．認知言語学の概説書）と，問題集である本書を同時に用いれば，相乗効果が大いに高まると期待できます。

認知言語学演習①

解いて学ぶ
認知言語学の基礎

瀬戸賢一・山添秀剛・小田希望 著

大修館書店

第 1 章

ことばの〈解釈〉、世界の〈解釈〉

私たちは解釈する動物です。耳に届いたことば（語・文・談話）を〈解釈〉します。これは，ことばの受け手の立場です。では，ことばを発する場合はどうでしょうか。最初にするのは，世界を〈解釈〉すること。典型的には，目の前の事態（状況，出来事など）をまず自分なりに〈解釈〉します。

　事態のすべてを細部に至るまで伝える必要はない（たいていはそんな時間がないだけではなく，すべてを理解できるわけでもない）ので，焦点を定めてから，かいつまんで選んだ内容をことばに託します。このとき，ことばは必然的に線上に並ぶので，表現を担う語のあとさきも決めなければなりません。

❶〈解釈〉とは

　解釈（construal）は，認知言語学の専門用語です。2つの意味があります。「世界を〈解釈〉する」と言うときと，「ことばを〈解釈〉する」と言うときです。

　世界を解釈するとは，認知主体（話し手とします）がいま・ここで，ある事態を自分なりに把握することです。ことば以前の事態認識を意味します。ことばの解釈とは，そのような過程を経て発せられたことばを，受け手（聞き手とします）がいま・ここで改めて自分なりに理解することです。

　もちろん，聞き手によることばの解釈は，さかのぼって話し手が対面した世界を推測して，その理解をより豊かにすることがあるでしょう。また，話し手は，ことばを発するとき，聞き手の関心や知識量などを推しはかって，自分が把握した事態に多少の調整を施すこともあるでしょう。当然，話し手と聞き手の間に解釈のずれが生じることもあります。

　〈解釈〉とは，つねに広い意味での既習の知識と目の前の事態・ことばとの相互作用の結果です。たとえば，「原発」の意味は，程度の差こそあれ，多くの人にとって3.11以前と以後で変わったのではないでしょうか。意味は，固定したものではなく，具体的な状況に応じて変化するものです。その中心にいるのがあなたです。

　確かに，語の意味は辞書に載っています。しかし，それはほんのきっかけにすぎません。それだけでは整然と刈りそろえられた生垣です。実際の使用場面に置かれてはじめて，ことばは本来の野性味を取り戻します。

　「元気です」の発話にも多様な解釈が可能でしょう。発話の場では，声の調子が大きな意味をもつからです。あまり元気そうでない声で「元気です」と言えば，「元気でない」というメッセージ（解釈）が伝わりかねません。

　一般に，世界は，無限の解釈を呼び込む可能性を秘めています。また，ことばは，つねに潜在的に多義的であり，独自の履歴と広がりをもっています。こう考えましょう。

✓ 解釈とは意味の獲得行為である

　具体例はこれから見ていきます。

❷ 身体性

　ことばは，私たちの身体と共にあります。当たり前かもしれないが，ことばはきわめて身体的・肉体的です。**身体性**（embodiment）とは，私たちの知覚・感覚でとらえた世界の特性が，ことばに色濃く反映することを意味します。

　これを逆から見るとどうでしょうか。ことばをよく観察すると，身体に関わる表現が広範囲に広がることに気づきます。その一つひとつが，肉体を持つ人と環境との関係を解き明かすカギとなるでしょう。ことばの窓を開けば，私たちの精神の内側をのぞき見ることができます。長年にわたる人間の生き様が見えてきます。

　それもそのはず，私たちの身体は，世界の内に存在するからです。全体的なエコシステムの中に組み込まれた環境的存在と言ってもいいでしょう。一例を示せば，天や空や光にあこがれを感じるのは，私たちが成長を願う生命体だからではないでしょうか。ことばには環境との対話が組み込まれています。

　たとえば，「伸びる」という表現を考えましょう。「背丈が伸びる」と「学力が伸びる」との間にどのような関係が見てとれますか。「伸びる」は，両者の間で強い絆を形成していますね。偶然ではないでしょう。また，「暖かい日射し」と「暖かい人」を比べてください。どうして「暖かい」が共通に使われるのでしょうか。

　私たちは，五感を世界に開いた身体的存在です。この身体性がことばの意味の重要な部分を形成します。認知言語学は，この点を見据えてことばの分析をおこなう学問だと考えてください。

　身体と精神の関係を表せばこうなります。

> ✓ **身体に精神が宿るのではなく，精神に身体が宿る**

　この意味をこれから掘り下げていきます。

❸ 主体性

　〈解釈〉と〈身体性〉に加えて，もうひとつ用語を導入します。**主体性**（subjectivity）です。

　世界を〈解釈〉し，ことばを〈解釈〉するには，その行為を行う主体が必要です。それは，世界を認知する主体であり，話す主体であり，聞く主体です。

　ことばによる表現（より広くはあらゆる記号活動）は，すべてこの認知主体による事態の把握（解釈）を経ます。主体の観点を抜きにした表現はありません。ことばを地上につなぎ止める原点となる特性ですから。

　極端な一例として，8+3=11 と 3+8=11 を比べましょう。数学的には 8+3=3+8 に疑問の余地はありません。しかし，主体的に見れば，8+3 と 3+8 は意味が違います。足される数と足す数が両者で逆転するからです。

　前者では，主体が先に 8 を認知し，それに 3 を加えるのに対して，後者では先に認知された 3 に 8 を加えるからです。意味合いが異なると言えるでしょう。

　主体性は，この意味での主体の観点に関わる特性です。定義すれば，事態を把握する主体＝

表現する主体が対象（客体）との間に置く距離感のことです。

　たとえば，一本道を突っ走る車（客体）を撮影するとき，上空の定点から疾走する車にカメラを向ける場合と，運転席にカメラを固定してドライバー目線で前方の景色の流れを撮る場合とでは，映像が異なるでしょう。どちらも車の移動を表現できるが，上空からの映像は主体性が低く，運転席からの撮影は主体性がかぎりなく高いと言えます。

　この区別は，やや意外かもしれないけれども，ことばによる表現を考えるときにとても重要です。主体的な表現とは，客体（認知対象）に肉薄し，その場に臨場し，さらにはその懐に飛び込んで，客体の視点から見たいま・ここを描き出す手法だと考えましょう。

　すると，もっとも主体的な表現とは，表現者（主体）が表現対象（客体）の内部に入って，その内側から見えるもの・感じられるものを直接描写するものだと言えます。

✓ **もっとも主体的な表現では主客が合一する**

　具体例はこれから見ていきます。

・・・・・・・・・・・・・・・・・・・・・・《この章で学ぶ大切な用語》・・・・・・・・・・・・・・・・・・・・・・

解釈　身体性　主体性　百科事典的知識　スキーマ　事例　個物　プロファイル　ベース　ドメイン　フレーム　シナリオ　ノルマン・コンクェスト　句動詞　生態的地位　共感覚表現　図と地　tr（トラジェクター）　lm（ランドマーク）　ものと関係　元型　リングサイド効果　現象文　臨場する視点　自由間接話法　新情報　文法的倒置　主体的倒置　一般化の you　主体的移動

1節　〈解釈〉とは何か

　まず，〈解釈〉の意味をいくつかの角度から調べましょう。

❶辞書と百科事典

　語の意味がわからない，あるいははっきりしないとき，私たちはどうするでしょうか。人に聞くのが早いこともあります。もう少ししっかりと確かめたいときは手近な辞書に手を伸ばすでしょう。

　たとえば，「オムレツ」の意味を知りたくて，日ごろ愛用する小型の辞典を見ると，「フランス風の卵焼。〔卵だけで焼いたもの〖＝プレーンオムレツ〗，ひき肉・刻んだタマネギなどをいため，卵でくるむように焼いたものなどがある〕」（『新明解』7版）と定義されています。どのような印象をもちますか。

　定義部分の「フランス風の卵焼」を見て理解できる人は，最初から辞書を引く必要はないで

しょう。辞書を非難するのではありません。これは辞書の宿命なのです。ただ、この定義は、私たちが「卵焼」の意味を知っていて、かつ、「フランス風」の意味を知っていることを前提としています。

オムレツを知らない人には、「フランス風の卵焼」は明らかに情報不足です。逆に、オムレツを知る人は、「フランス風の卵焼」よりもはるかに豊かな知識をもつでしょう。認知言語学は、語句の意味が辞書の定義をはるかに上回る**百科事典的な**(encyclopedic) 広がりをもつことを前提として、意味の問題に取り組みます。

❷意味のかたより

ことばは、人間のことばです。当然、人間中心にできています。けっして中立で公平な伝達手段ではありません。相当かたよることをまず知りましょう。

たとえば、「サル知恵」。人間に近いとされるサルも、人間のことばでは足蹴にされます。英語の a dog's life は「犬のような惨めな生活」の意味です。人間に限っても不公平は続きます。「夫婦」を逆にした「婦夫」は存在しません。必ずしも先行する項目が価値的な上位だとは限らないが、優先順位が慣習的に決まることが多いのは事実です。

「(お) 姉さん」「(お) 兄さん」という呼びかけ語は存在するのに、妹や弟に対する呼びかけ語は存在しません。一般に、目上に対する呼びかけ語はあっても、目下に対する呼びかけ語は存在しないか、きわめて限られています。自分で確かめてください。日本語も英語もあまり変わりません。

人間のことばのかたよりは、論理式などとは異なって、人間が世界を認識するときのかたよりの反映です。ことばのこのゆがみに注目すれば、人間の精神のあり方を解明する重要な手がかりが得られるのではないでしょうか。

❸プロファイルとベース

次に、「指」の〈解釈〉を考えましょう。わかりきったことと思わずに、自分なりに自分の経験を通して解釈してください。

ひとつ気づくことがありますね。そう、「手」の存在です。ピアノ演奏で指だけが鍵盤上を舞うイメージはちょっと不気味です。手の先の部分が指です。

そこで指と手の関係を考えましょう。「指」の意味は、「手」の概念なしには解釈できません。実際に表現された「指」(文字、口頭、頭の中で) を**プロファイル** (profile) と呼び、それを根底で支える「手」を**ベース** (base) と呼びます。プロファイルは海上に突き出た氷山の一角、ベースは海面下の氷塊も含めた全体だと考えましょう。

✓ 意味は他の意味とつながっている

ひとつの概念(意味)は、ただそれだけで孤立するのではありません。「弧」といえば「円」

が思い浮かぶでしょう。「弧」がプロファイルで，それを支える「円」がベースです。

❹スキーマと事例

最後にもう一組の用語を導入します。**スキーマ**（schema）と**事例**（instance）です。たとえば，犬とサルと動物の関係で説明すれば，「動物」が「犬」と「サル」のスキーマであり，「犬」と「サル」は「動物」の事例であるという関係です。スキーマは複数の事例の共通部分（類似点）として抜き出されたものです。必然的に，より抽象的になります。

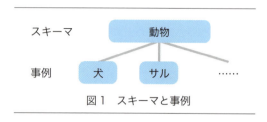

図1　スキーマと事例

私たちは，個々の事例をバラバラに見るのではなく，それをひとつのカテゴリーにまとめ上げる能力を持ちます。この能力は，〈解釈〉に必然的に組み込まれます。おそらく生物一般にとって根源的な認知能力ではないでしょうか。

☞ **ここがポイント！**　ことばのかたよりは，人間の見方のかたよりを反映。

解釈と知識（基本１）

「金庫」をできるだけ詳しく〈解釈〉しなさい。

アプローチ　まず手近な国語辞典の定義を見ましょう。そして，経験や知識に照らして情報を補足しなさい。たとえば，「現金・重要書類・貴重品などを盗難や火災から守るための，錠のついた金属製の箱や室」（『明鏡』2版）の記述が参考になります。

解答と解説　◎金庫に入るもの——アプローチで示した定義はかなり踏み込んだものです。具体的で詳しい。

まず，たんに「貴重品を…」とせずに「現金・重要書類・貴重品などを…」とした点を見ましょう。現金も重要書類も広い意味では貴重品なので，すべてをまとめて「貴重品」とすることもできたでしょう。それでも上の定義は，より具象レベルに近いものを列挙して「など」を加えました。

私たちは，金庫に入れるものとして，何を思い浮かべるでしょうか。現金に近いものでは，株券，債券，小切手などがあります。銀行の通帳は重要書類に入るでしょうか。『明鏡』の「貴重品」は，おそらく「貴金属・宝飾品」を念頭に置くようですが，もちろんそれに限ることはありません。重要なデータを含むUSBやハードディスクもこの類に含めていいでしょう。

また，「重要書類」の「重要」や「貴重品」の「貴重」は誰にとって「重要」であったり「貴重」であったりするのでしょうか。個人的に大切なものは，世間的な価値とつねに正比例するわけではありません。思い出の品や秘密の日記も金庫に入るものの候補です。

第1章………ことばの〈解釈〉，世界の〈解釈〉

◎金庫の目的——次に，金庫は「盗難や火災から守るため」のものと考えて十分でしょうか。「盗難」に関しては「盗み見」や「盗撮」や「コピー」が気がかりです。また，「火災」に関しては，「津波」や「震災」なども考慮したくなります。より抽象度の高い「災害」としてこれらを包摂することもできるでしょう。

◎材質・構造——さらに，「錠のついた金属製の箱や室」の部分はどうでしょうか。まず「錠」は，これだけで〈解釈〉の問題を考えるのにおもしろい題材となります。「錠」は「カギ」とペアであり，英語では lock と key。日本語では「カギを開ける」の例などに見られるように，「カギ」はときに「キー」だけでなく「ロック」も指します。

「錠」は，金庫に限ってはダイアル式のものが典型例ですね。しかし，昨今では，安全性を高めるために，暗証番号を打ち込むプッシュボタン式のものや，指紋や眼球で本人確認をするものもあります。

材質は，確かに金属製が主流です。しかし，防火・防水・耐震性に優れた超強化プラスチック製のものも排除できないでしょう。

さらに，「箱」や「室」にも金庫らしい形状・大きさがあるはずです。また，金庫の中身は確保できても金庫ごと持ち去られてはいけないので，金庫はしばしば固定されます。もちろん，かなりの重さがあって簡単に持ち運びできない，ふつう扉に取っ手がつくなどの特性も加わるでしょう。

最後に，金庫はコンテナでも，ロッカーでも，ATMでもありません。それらとの違いを明らかにするには，さらに金庫に関する独自の特性をいくつか追加しなければなりません。

辞書の記述は，「貴重品を安全に保管するための頑丈な箱・室」ぐらいでも十分だと思います。ただし，私たちの金庫に関する知識は，これをはるかに上回ります。そのような百科事典的な知識があるからこそ，たとえば，「金庫破り」のような表現も，意味が容易に推測できるのです。「道場破り」とはかなり意味が違います。

意味のかたより（基本2）

bachelor と spinster は，それぞれ「独身男性」と「独身女性」以上の意味をもっています。それはどのような意味ですか。

アプローチ　まず英和辞典などで調べてみて，次に実際の用法を Google などでチェックしましょう。

解答と解説　◎男女のことば——男女表現のペアに関しては，ときにかなり不当な意味のかたよりがあります。bachelor には，積極的に独身の道を自らが選び，結婚による拘束を避けて自由で奔放な生活を楽しむという雰囲気があります。日本語の「独身貴族」という言い方とも一脈通じるでしょう。

他方，spinster には，結婚相手がいないまま適齢期を過ぎたのは，自らの意志によるのではなく，本人に男性を振り向かせる魅力がなかったからだ，という侮蔑的な含みが強く感じられます。きわめて不均衡な意味のかたよりです。

◎左右のことば——この種の意味の偏在（かた

よって存在すること）は，例外というよりも常態に近いのでしょう。

✓ **意味は偏在する**

これを言い換えると，こうなります。

✓ **意味は平等を嫌う**

人間のことばは，隅々まで様々な種類の非対称を示します。

たとえば，「左右」。音読みではこの語順に限られます。かつての職階では，左大臣が右大臣よりも上でした。天皇が紫宸殿で南面して座したとき，天皇から見て左手に見えるのが左近の桜，右手に見えるのが右近の橘。左が右よりも優位でした。一説に，「ヒダリ」は「ヒデリ」を語源とする見方があります。「ヒデリ」とは「日出り」，つまり「日の出る方向」＝「東」を意味したということです。

身体の右手と左手は（ほぼ）対称的であるにもかかわらず，ことばの「右」と「左」はこのように大きな偏差を示すのです。英語の right は，単に「右」だけではなく，「正しい」「まっすぐ」「すぐ」「権利」にまで意義を広げます。left の方は明らかに分が悪いのです。

> ◆参考情報◆
> sinister の語源も「左の」だが，現在通用する意味は，「縁起の悪い，不吉な，邪悪な，不幸な」などと悪いことずくめ。この語と対になる語は dexter。意味を確認しましょう。

プロファイルとベース（基本3）

「指」を〈解釈〉しなさい。つまり，「指」とは何かを詳しく説明しなさい。

アプローチ 「指」は，単独ではほとんど意味をなしません。何かとの関係なしには考えられません。

解答と解説 ◎**指と手**——冒頭で述べたように，「指」の意味を考えるには，「手」の存在が無視できません。

そこで指と手の関係を考えましょう。実際に表現された「指」（文字，口頭，頭の中の概念）をプロファイルと呼び，それを根底で支える「手」をベースと呼びます。プロファイルは海上に突き出た氷山の一角，ベースは海面下の氷塊も含めた全体だと述べました。

ひとつの概念（意味）は，ただそれだけで孤立しているのではありません。「弧」といえば「円」が浮かぶでしょう。口に出した「弧」がプロファイルで，それを支える「円」がベースです（図2）。

◎**プロファイルとベースの関係**——プロファイルとベースの関係は，部分と全体の関係によく表れます。指は手の部分であり，「手の指」は自然な表現です。「腕の指」とは言いません。枝と木，文字盤と時計，プロペラと飛行機も部分と全体の関係です。プロペラの表現（プロファ

図2　プロファイル（弧）とベース（円）

イル）を見たり聞いたりしたとき，あるいはその概念（プロファイル）を頭に浮かべたとき，すぐに飛行機（ベース）が想起されるでしょう。

しかし，プロファイルとベースの関係は部分・全体関係に限定されるわけではありません。たとえば，衛星を想起するには，それと物理的に引き合う関係にある惑星を考えざるを得ません。「衛星」をプロファイルするとき，「惑星」はそのベースとなります。しかし，衛星は惑星の一部ではありません。その一部だという考えも不可能ではないかもしれないが，惑星は単体でも惑星として存在できます。

念のために確かめましょう。プロペラ飛行機からプロペラを取り去れば，飛行機は飛びません。文字盤のない時計は，時計としての用をなしません。しかし，衛星のない惑星はざらに存在します。ただ，惑星のない衛星は存在しません。衛星を考えるとき，惑星の存在が前提となるからです。

☞ここがポイント！　**ことばは孤立しては存在できない。**

スキーマと事例（基本4）

牛，豚，馬に共通な特徴は何ですか。それを一語で表す表現はありますか。

アプローチ　私たちは，個別的な対象を表すだけではなく，類似したものをひとくくりにする名称も持っています。

解答と解説　◎カテゴリーとは何か──〈解釈〉の一環として，**スキーマ**と**事例**の関係について基本的なことを理解しましょう。

牛・豚・馬に共通な特徴は，動物であるという点です。もちろん，これは，複数のものの間に共通した特性を見抜く能力が私たちに備わることを意味します。牛，豚，馬から抽出された共通な特性をスキーマと呼び，牛，豚，馬はその事例と呼びます。

スキーマは，より抽象度の高いカテゴリーです。「動物」は「牛」や「豚」よりも抽象度が高い（つまり，より一般的な）カテゴリーを表します。牛や豚などは動物《の一種》と言えるでしょう。

スキーマは，必要に応じてさらに一般性の高い上位カテゴリー（たとえば，生物）を形成することもあり，また逆に，より下位のカテゴリー（たとえば，哺乳類や家畜）を形成することもあります。馬などは，哺乳類《の一種》でもあります。

このように，私たちは，牛や豚を目にしても，

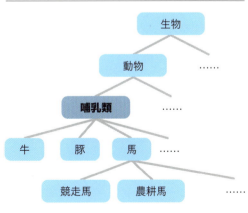

図3　上位カテゴリーと下位カテゴリー

ただそれだけを見るのではありません。その背景にあるカテゴリーも同時に見るのです。カテゴリー化は，私たちの人間の能力のきわめて重要な部分です。

◎**スキーマと個物**──馬は，スキーマである動物の事例です。しかし，馬そのものもスキーマととらえることができます。馬にもより詳しい種類を認めるとき，馬は競走馬や農耕馬のスキーマとなります。サラブレッドなどは馬の事例であり，馬《の一種》です。

では，下位のカテゴリー（競走馬そのものもカテゴリーを形成します）は，どんどんとさらに種別化が進むとどうなるでしょうか。もはやそれ以下の下位カテゴリーの名称がないところに達します。専門家でなければ，たとえば，サラブレッドのさらに下位のカテゴリーは思い浮かばないでしょう。そのとき，専門家ではない私たちは，**個物**に達したのです。個物が愛馬なら，ふつう固有名がつけられます。(☞2章1節)

▶ Review （　）に適語を補充し，{　}から正しいものを選びなさい。

(1) 意味には辞書的意味のみならず（　　）的意味も含まれます。
(2) 指が{プロファイル／ベース}だとすれば，手はその{プロファイル／ベース}です。
(3) 鳥は，スズメとハトの共通成分である{スキーマ／事例}であり，スズメとハトは鳥の{スキーマ／事例}です。
(4) カテゴリー関係として見れば，鳥はハトの{上位／下位}カテゴリーであり，ハトは鳥の{上位／下位}カテゴリーです。
(5) 意味は偏在（かたよって存在）し，（　　）を嫌います。

◆演習A
(1)「ハンドル」を詳しく〈解釈〉しなさい。
(2)「道場破り」を詳しく〈解釈〉しなさい。

◆演習B
(1) 列車内でときどき耳にする「…で臨時事故が発生しましたので…」というアナウンスには，違和感がありませんか。もしあるなら，その理由を述べなさい。
(2)「電気自動車」と「電気冷蔵庫」を比較して，表現上の問題点を指摘しなさい。

百科事典的な意味（応用１）

「箸を持つ」をできるだけ詳しく〈解釈〉しなさい。

アプローチ　名詞ではなく，動詞が対象です。「持つ」とはどのような意味なのかをまず考えて，次に「箸を持つ」の意味を考えましょう。たとえば，はじめて箸を使う外国人に説明するつもりで。

解答　「持つ」とは，一般に，物を「手で保持する」ことを意味します。しかし，形のある物にかぎっても，たとえば，「バットを持つ」と「グラスを持つ」と「箸を持つ」の三者では，同じ「持つ」でも持ち方が異なります。

バットは両手で持ち，グラスはふつう片方の手のひらで包み込むように持ちます。箸の場合は，利き手の指先ではさむようにして持ちます。バットもグラスも箸も，独特の持ち方があります。

より詳しくは，２本一組の箸の一本（A）を鉛筆を持つように持って，他の一本（B）を中指と薬指の間にはさみます。Bは固定したままで，Aを動かします。この説明でも，まだ大ざっぱであることを免れません。

解説　◎**「箸を持つ」状況**——用途も解釈の大事な一部です。箸を手にしたまま街中をうろつけば，多くの人が振り向きますね。もちろん，食事の場面で使用し，食べ物を切ったりはさんだりして口に運ぶのに使います。これが「箸を持つ」ときのふつうの状況です。使用状況が，表現の解釈に大きく関係することも知っていなければなりません。ことばを発する，ことばを耳にするときは，つねにそれにふさわしい場面が伴います。

◎**意味の前後**——さらに，「箸を持つ」前に，あなたは何をするでしょうか。箸を手に取るでしょう。しかし，ここにも独自の作法があります。また食事が始まってからの箸の上げ下ろしもおろそかにできません。たとえば，迷い箸は行儀が悪い，と言われたことはありませんか。

このように，「箸を持つ」の意味には，前後の状況も含まれます。トータルに考えると，一般に，意味には全体的な状況に関する情報も書き込まれていると考えるべきです。つまり，ある表現が用いられる典型的な場面を，当然のことながら，私たちは知ってことばを使うのです。

◎**「持つ」の多義**——では，「持つ」の意味はどこまで広がるでしょうか。しっかりとした形のある物を持つときに限っても，相当の意味の広がりがあると予測されます。しかし，「持つ」は，さらに「土地を持つ」などにも適用されます。抽象的な領域では，「人の肩を持つ」のような慣用的な表現や「自信を持つ」「勇気を持つ」などにも応用されます。

「持つ」の意味がどこまで展開して，それぞれの用法がどのように関係しあうのかは，**多義**（polysemy）の問題の重要テーマです。これについては３章で詳しく述べましょう。

〈解釈〉の状況（応用2）

「この浜辺は安全だ」を〈解釈〉しなさい。とくに「安全だ」に関して複数の〈解釈〉が成立するので，状況に応じた説明が必要です。

アプローチ 「浜辺」と「安全だ」が結びつく関係によって，解釈が大きく異なるでしょう。どのような浜辺なのか，安全なのは具体的に何がどのように安全なのかを考えましょう。

解答 たとえば，「浜辺」が海水浴場だとすれば，「安全だ」は「遊泳に関して安全だ」を意味するでしょう。ただし，「遊泳に関して安全だ」はさらに解釈が求められます。「遠浅で安全」「潮流に関して安全」「サメなどの危険がなくて安全」などの，より詳しい解釈ができます。遊泳場以外の解釈ももちろん可能です。

次に，砂浜に私たちの視点を移しましょう。「ガラス片などが落ちてなくて素足で歩いても安全」「犯罪の心配がなくて安全」「地雷が埋まってなくて安全」「人目につかなくて闇の取引をするのに安全」などの解釈が次々と浮かびます。

解説 ◎**文脈の役割**——意味解釈には文脈が果たす役割が大きい。解答例で示した解釈の中には，「浜辺」と「安全」をつなぐ部分にかなり長いものが含まれます。

たとえば，最後のものは「この浜辺は（人目につかなくて闇の取引をするのに）安全だ」でした。このような解釈は，「浜辺」と「安全」の辞典的な意味からはけっして導き出せません。

◎**ウナギ文とは何か**——日本語には「ボクはウナギだ」に代表されるいわゆるウナギ文が存在します。文脈によって「ボクはウナギを注文する」「ボクはウナギが好きだ」「ボクはウナギが嫌いだ」などを意味して，ヌルヌルとつかみどころがない文として有名です。

たとえば，「うちの妹は男だった」のような一見したところ驚くような文も，文脈の支えがあれば，「うちの妹がこのまえ生んだ赤ちゃんは男だった」を意味することができます。ウナギ文のルーツは，『枕草子』の冒頭の「春はあけぼの」かもしれません。

◎**文脈への依存度**——ウナギ文に限らず，文脈が解釈に影響を及ぼすことは，どの言語にも見られます。確かに，日本語は文脈依存度が高いとよく言われるけれども，これは程度問題だと考えていいでしょう。この点を次の類題で確かめます。

Image courtesy of foto76 at FreeDigital Photos.net

第1章……ことばの〈解釈〉，世界の〈解釈〉

> ## 〈解釈〉の状況（類題）
>
> 次の (a) – (c) の文を，とくに safe の意味に注目して〈解釈〉しなさい。場面はすべて浜辺とします。
>
> (a) The beach is *safe*.
> (b) The child is *safe*.
> (c) The shovel is *safe*.
>
> 【語句】shovel スコップ

アプローチ　(a) は，すでに検討した日本語の「この浜辺は安全だ」と基本的に変わりません。(b) と (c) についてさらに〈解釈〉を進めましょう。

解答　(a) は，日本語の「この浜辺は安全だ」とほぼ同じです。文脈・状況に応じて様々な解釈ができます。まず，いくつかの意味で「この浜辺は安全」（☞応用2）なので，それに応じて，(b) は，この浜辺で遊んでいる「その子どもは安全だ」と解釈できます。

また，「その子どもは，保護者がその子の安全を見守っているので安全だ」と言えるかもしれません。ただし，見守りの仕方もいろいろでしょう。すぐに思い浮かぶのは，親たちがその子どもに危険が及ばないようによく注意して見張る，あるいはその子どもが水遊びをするなら，ライフジャケットをきちんと身につけさせるなどの状況です。

さらに，その子ども自身に安全だと言える根拠があるかもしれません。つまり，突飛な行動をする子どもではないとか，おとな顔負けの遊泳能力を持つなどの場合です。

(c) は，たとえば，水際で遊ぶ子どもが手にするスコップのことだと解釈しましょう。すると，子ども用のスコップとして，安全基準を満たすことを意味するでしょう。先がとがっていないとか，口にくわえても化学物質が溶け出さないとか，安全なスコップに関してもさらに詳しい〈解釈〉ができます。

解説　◎ **safe の前提**── safe が使える前提を設問に沿って整理すると，①ある人にとって価値あるものが存在する（「子ども」），②価値あるものが危険にさらされる可能性がある（「浜辺」や「スコップ」の潜在的危険性），③価値あるものを危険から守ろうとする気持ちがある（「子ども」の保護者の心的態度）の3点に要約されます。このうちのひとつの条件でも欠ければ，safe という用語を使うのがその分だけ不適切になります。完全に使えなくなるということではなく，適切性が落ちるということです。

さらに例を追加しましょう。国際的に円が買われるのは，円が *safe* money（安全な通貨）として選ばれるからです。また，地震などに備えて *safe* house（安全な家）が求められるのは，命を守るためです。

◎ **safe の意味**──上で，safe が使用される前提を見ました。では，safe の意味は特定できるでしょうか。

いくつかの異なった意義が認定できて，それらが互いに密接に関連すると，多義が成立します。これは，3章の中心テーマです。ここでは，safe の意味は，あらかじめコンパクトにまとめるのがなかなかむずかしいことだけを確認しておきましょう。

ドメイン（応用３）

次の各文の「写真」は，３つの側面に従って意味が違います。その３つの側面を特定しなさい。

(a) その写真はピンボケだ。
(b) その写真は破れている。
(c) この写真は修正が加えられている。

アプローチ 同じ一語の「写真」であっても，それぞれ写真のある側面に焦点が絞られています。

解答 (a) は写真の写り（イメージ）が問題となります。(b) は写真が焼き付けられた印画紙が破れています。(c) の写真はやはり写りが問題になり，より高度な技術的側面が焦点化されます。

解説 ◎ドメインとは何か——意味は多様な側面をもつので，それぞれに異なった背景知識を伴います。その意味領域を**ドメイン**（domain）と呼びます。ドメインは，すでに述べた**ベース**とは異なります。ベースは**プロファイル**に必然的に伴う基礎概念のことでした。

たとえば，「弧」というプロファイルには，かならず「円」というベースが伴いました（☞基本３）。弧は円周の一部なので，円の概念抜きに考えることはできません。他方，ドメイン

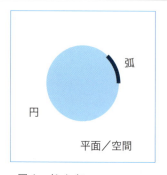

図４ ドメイン

は，ベースのさらに背景にあるものです（図４）。円の背景にあるのは，平面またはより一般的に言うと空間です。この平面または空間が円の概念を支えるドメインです。ドメインはひとつとは限りません。

このドメインの概念で (a) – (c) を説明すれば，(a) は表象ドメイン（写真の写りが中心），(b) は媒体ドメイン（印画紙が主だが，他の媒体も可），(c) は技術ドメイン（カメラ技術や映像加工技術など）がおもに関与します。これらに，(d) 社会慣習ドメイン（記念写真など）を加えることもできるでしょう。各ドメインが互いに部分的に重複しても問題ありません。

◎**英語では**——(a) – (c) を英語に訳せば次のようになります。

(a)′ The *photograph* is out of focus.
(b)′ The *photograph* is torn.
(c)′ This *photograph* has been retouched.

上で説明したことは，そのまま (a)′ – (c)′ にも当てはまります。さらに，次の例を見ましょう。

(d) I tore up the *photograph* that was out of focus.（ピンぼけ写真を破った）

(d) の前半部の「写真を破った」は媒体ドメインが活性化されて，後半部の「ピンボケ」は表象ドメインが活性化されます。２つのドメインが矛盾することなく重なり合います。「写真」の概念（意味）は，具体的な文脈の中で〈立ち

現れる〉，あるいは百科事典的なネットワークの中でそのつど〈構築される〉と言った方がいいのかもしれません。

> ☞ **ここがポイント！**　プロファイル・ベース・ドメインはワンセット。

▶ Review　{　}から正しいものを選びなさい。

弧の{プロファイル／ベース}には円の{プロファイル／ベース}が伴い，円は，さらにその背景にある平面（または空間）の{ベース／ドメイン}によって支えられます。

◆演習A
(1)「ジョギングする」は，「歩く」でも「走る」でもありません。その意味をできるだけ詳しく〈解釈〉しなさい。
(2) 次の (a) と (b) の Televisions はドメインが異なると考えられます。それぞれどのようなドメインが想定されますか。
　　(a) *Televisions* need expert repairmen.（テレビの修理にはプロが必要だ）
　　(b) *Televisions* look nice in family rooms.（テレビは居間が似合う）

◆演習B
(1) an *old* friend を発話者との関係に基づいて〈解釈〉（複数）しなさい。
(2) a *beautiful* dancer をドメインの違いに基づいて，あるいはドメインの重なりに基づいて3通りに〈解釈〉しなさい。

意味のかたより（発展1）

sell の意味を考えるには，最低限どのような要素が必要となりますか。また，同じことを buy でも考えなさい。さらに，両者はこの点で対等かどうかを，用例に基づいて分析しなさい。

アプローチ　売買行為が成立する場面を具体的に考えましょう。その際，必須の要素とそうでない要素を区別する必要があります。

解答　sell によって想起される要素は，売り手，買い手，商品（売り手から買い手に移動する），金（買い手から売り手に移動する），売買の合意，売買の場所・手段などです。しかし，これらすべてが表現の上で必須の要素ではありません。

たとえば，次の文を見ましょう。

　　(a) Bob *sold* the book to Sophie for 10 dollars.（ボブはその本をソフィーに10ドルで売った）

売買は，突きつめると物と金の交換です。交換は，移動と言ってもよく，(a) の文では to が移動先を示すと考えられます。つまり，本が売り手から買い手に移動して，その料金が買い手から売り手に移動する，と。

しかし，現実の英語表現は，この点を忠実に公平に反映してくれません。たとえば，買い手の Sophie と料金の ten dollars は，対等なふるまいをしないのです。確かに次の文に見られるように，どちらか一方がすでにわかっている場合，あるいは問題とならない場合は，それぞれ省略できます。

(b) Bob *sold* the book to Sophie.
（ボブはその本をソフィーに売った）

(c) Bob *sold* the book for ten dollars.
（ボブはその本を10ドルで売った）

しかし，次の文では違いが現れます。

(d) Bob *sold* Sophie the book.

(e) *Bob *sold* ten dollars the book.

〔注：* は正しくない文であることを示します。以下同。〕

(d) は二重目的語構文（☞5章2節）として成立します。しかし，(e) の言い方はできません。この言語事実から，sell は，売り手，商品，買い手を中心にして成立する動詞だと結論づけていいでしょう。

他方，buy に関しては，次の例を注意深く観察しましょう。

(f) Sophie *bought* the book from Bob.

(g) Sophie *bought* Bob the book.

(b) と (d) は，力点の置きどころが違うが（いずれも文末の要素に力点），ものの移動という観点から見れば変わりありません。しかし，(f) と (g) は，かなり意味が違います。(f) は，「ソフィーはボブからその本を買った」を意味し，(g) は，「ソフィーはボブにその本を買ってあげた」を意味するのですから。(g) は，(h)

のように書き換えられます。

(h) Sophie *bought* the book for Bob.

こう見れば，(g) と (h) の buy は移動動詞というよりは授受動詞と考えるべきでしょう。つまり，プレゼントの意味での「買ってあげる」を意味するからです。(g) と (h) の Bob は，売り手ではなく受益者という**意味役割** (semantic role) を担っています（☞5章1節）。この意味で，(f) の bought と (g) の bought は意味が異なると結論づけられます。これは，多義現象（☞3章）のひとつです。

sell と buy は，意味的にも認識的にも視点が逆転するだけで，互いに対等だと一見思えるのに，よく見ると，ここにも意味の偏在現象が見られることを確かめてください。

解説 ◎2つの二重目的語構文——英語の二重目的語構文は，S＋V＋IO（間接目的語）＋DO（直接目的語）の形で「〜に…を」を表します。ただし，IO を文末に移動させると2つの形が生じます。

(i) S＋V＋DO＋*to*＋IO

(j) S＋V＋DO＋*for*＋IO

この違いは，(i) の IO がものの移動の着点を表し，(j) の IO が受益者を表す点にあります。例を挙げましょう。

(k) Sophie sent a letter *to* Bob.
（ソフィーはボブに手紙を送った）

(l) Sophie cooked a meal *for* Bob.
（ソフィーはボブに食事を作った）

(m) Sophie baked a cake *for* Bob.
（ソフィーはボブにケーキを焼いた）

◎受益者を伴う buy —— IO に受益者を伴う buy の例を3つ追加します。

(n) Bob *bought* the family a new house.
（ボブは家族に新築の家を買った）

(o) Let me *buy* you a big lunch.
（ランチをたっぷりおごるよ）

(p) Ten dollars *buy* you all the beer you can drink.（10ドルでビール飲み放題）

(p)では，Ten dollars が主語の位置を占めています。擬人法的な効果が感じられます。

> ### フレーム知識（発展2）
>
> 次の英文を日本語に訳して，なぜいきなり blackboard に the が付くのか（あるいは the が付くことになぜ違和感を持たないのか）を考えなさい。
>
> A child who normally sits in the front of a classroom, closer to *the* blackboard, who is moved to the back, could have problems doing the assigned work.
>
> 【語句】closer to 〜の近くに　assigned work 課題
>
> 【大意】ふだんは教室の前の黒板の近くに座る生徒が，席替えで教室の後ろになると，課題をこなすのに問題が生じる場合があります。

アプローチ　教室に不定冠詞 a が付いて，黒板に定冠詞 the が付くことに注意しなさい。教室という意味フレームを考慮に入れましょう。

解答　まず，不定冠詞 a によって新しい情報（教室）が導入されます（☞3節発展1，6章3節）。ここで教室に関する私たちの様々な知識が活性化されます。教室ということばから，教壇，教卓，机，椅子，窓，壁，天井，柱，床，先生，生徒，学生，鞄……などが喚起されます。黒板もそのひとつです。教室といえば，典型的にはそこに備え付けのひとつの黒板が前方にある，という一般知識が呼び起こされます。ですから，いきなり the blackboard と言っても違和感がないのです。「その」は，当然「いま導入されたその教室に備わる例の」を意味します。

解説　◎知識構造としてのフレーム——フレーム（frame）とは，「ある語を耳［目］にして喚起される知識の総体」のことです。教室という表現から喚起されるものを上に列挙しました。類例を示しましょう。たとえば，「卒業式」「成人式」「結婚式」「葬式」などでは，それぞれの出来事で異なった知識フレームが喚起されます。それによって服装やマナーなどがおおよそ定まっています。また，dinner party なら遅刻はできないとか，cocktail party なら適当な時間枠に入ればいいなどの社会文化的な知識も，広い意味でのフレームです。

◎フレームと表現——フレーム知識が the blackboard のように実際の表現に影響することがしばしばあります。フレーム知識は，冠詞の問題だけではなく，より一般的にはごくふつうの会話を円滑に進めるうえで必要です。次の対話を見ましょう。二人が握手をした場面です。十分に理解するには，karate（空手）のフレームを活用することが必要となります。

A: Hey, you've gotten awfully strong.
（おや，ずいぶん強くなったね）

B: I've been taking karate lessons.
（空手を習ってるの）

もし空手がわからなければ，意味をなさない会話となります。空手は武道の一種であり，鍛えれば当然筋力もアップする，その結果握手にも以前より自然と力が加わる，という推論があってはじめてBの発言は解釈できるでしょう。

◎**フレームを動かす**──知識フレームは固定したものとは限りません。時系列に沿って展開するものも、私たちのフレーム知識です。とくに動態的なフレーム知識を**シナリオ**（scenario）と呼ぶことがあります。たとえば、結婚式を考えてみれば、誰それのあいさつがあり、乾杯があり、歓談があり、スピーチがあり、ケーキへの入刀があり、花束贈呈があり……という式の流れが想定できます。このようなシナリオの知識があるから、花束贈呈になれば、そろそろ宴もお開きに近いと推測できたりするのです。各種のシナリオに関する知識が日常の会話で次々と活性化され、それがスムーズな話の流れに貢献するのでしょう。

意味の履歴（発展3）

同じ姿勢を保っていても、sit up と sit down は意味が違います。どのような違いがありますか。

アプローチ　sit up する前の体の姿勢、sit down する前の体の姿勢に着目して、辞典を調べましょう。

解答　上半身をまっすぐ伸ばして座っていれば、いちおう sit up と sit down の姿勢にはなります。両者の違いはその姿勢に至るプロセスです。sit down は立った状態から座ることを意味します。下方向への移動なので down を伴うのです。sit up は横たわった状態から上半身を起こして座ることを意味します。典型的には、ベッドで寝た状態から身を半身起こす方向なので up を伴うのです。

解説　◎**意味の履歴**──いくつかの表現は、そこに現れる意味だけではなく、それまでの経緯や過去の状態を暗に含むことがあります。

次の表現を比べましょう。

(a) She stepped *out from behind* the curtain.

(b) The moon is *out*.

(c) The light was *out* in the hall.

(a) は「彼女はカーテンの後ろから出た」の意。彼女の動きを最初の位置（behind）、起点（from）、着点（out）によってすべて言語化します。(b) は「月が出た」の意味で、これもすべて表現すれば、たとえば、The moon is *out from behind* the cloud.（雲の後ろから月が出た）となるでしょう。状況がわかりきっているので、たんに out 一語で十分。ただし、out 一語の解釈は、少し時間をさかのぼって、その意味的履歴を文脈からたどらなければなりません。

(c) は、「玄関の明かりは消えていた」の意味なので、ある時点では明かりが灯っていた、しかし見たときは、明かりが out して（つまり玄関から外に出てしまって）いて、玄関が暗かったことを表します。(b) は何かが out してそ

れが見える（この場合は月が見える）のに対して、(c)は何かがoutしてそれが見えなくなる（この場合は光がなくなって暗くなる）という結果になります。この差は、意味の履歴を読み込むという私たちの認知的な解釈を反映するからなのでしょう。

✓ 意味には履歴がある

(b)と(c)の解釈は、視点の位置の問題も含むので、それも考慮に入れると、多義の問題とも関わります（☞3章）。

◎**新旧の表現**——次に、「宝くじ」と「富くじ」を比べてください。「宝くじ」は現在も通用する表現なのに対して、「富くじ」は時代劇や時代小説でしか耳にしないでしょう。それでも理解できます。富くじの当たりは「イの一番」かもしれません。ことばの中には、古い表現と新しい表現が混在します。それも様々な濃淡で。もちろん、これも〈解釈〉の一部に入ります。

もう少し例を挙げましょう。「クリアランス」「バーゲン」「大蔵ざらえ」の三者は、ほぼ同じ対象を指しながらも、ニュアンスが異なります。「大蔵ざらえ」は、古くて今ではほとんど見かけませんね。「バーゲン」は、多用されすぎて手あかにまみれた感じです。「バーゲンセール」の「セール」で代用されることがよくあります。「クリアランス」は、おもにデパートなどの大規模なものに使われて、まだ鮮度をある程度保っているようです。

JRを「国鉄」と呼ぶのは年配者が中心でしょう。さらにそれ以前の「国電」は、すでに小説の世界のみです。「接吻」「口づけ」「キス」の違いなら説明は不要。「ズボン」と「パンツ」、「チョッキ」と「ベスト」、「襟巻」と「マフラー」、「バンド」と「ベルト」などの差にも、私たちはすぐに反応できるはずです。

「筆箱」の「筆」や「下駄箱」の「下駄」も考えてください。表現に歴史が刻みこまれるのがわかるでしょう。ことばの考古学が成立します。

日常語と文章語（類題）

buyとpurchaseは商取引に関しては同じ行為を表します。ただし、ニュアンスが異なります。どのような違いですか。また、これに類するペアは、英語の中に多数見つかりますか。

アプローチ　同じ事象を表すのにも、口語的（informal）な響きの語と形式的（formal）な響きの語があります。英語にはこの種のペアが少なくありません。いわゆるスピーチレベルの差です。

解答　buyは日常語で「買う」、purchaseは文章語で「購入する」。buyは短く口語的で、purchaseは長めで形式的です。英語には土着またはそれに近い柔らかい響きの日常語と、比較的長めの堅い響きの外来語が混在します。しばしばそれらはペアを構成します。この響きの差は、日本語の大和ことば（和語、古来の日本語）の「買う」と漢語（外来語）の「購入する」との違いにほぼ匹敵します。

解説　◎**ノルマン人による征服**——英語にとってきわめて重大な事件が1066年に起こりました。**ノルマン・コンクェスト**（the Norman Conquest）。フランス北端の地ノルマンディー

に住むノルマン人にイングランドが征服されたのです。この事件以降約3世紀にわたって，イングランドの公用語はフランス語になりました。

　この結果，英語の中にどっとフランス語が入りました。二重言語状態になったのです。公用語のフランス語は，おもに支配階級が使う上級単語としてその後定着しました。この点は，日本語の大和ことばに対する漢語の影響にとても似ています。

　いくつかのペアを示しましょう。begin（始める）と commence（開始する），make（作る）と produce（生産する），give（与える）と provide（提供する），build（建てる）と construct（建築する），say（言う）と state（発言する），keep（保つ）と preserve（保存する），hide（隠す）と conceal（隠蔽する），deep（深い）と profound（深遠な）……。

　各ペアの最初の単語は，短く，意味に弾力があって，日常的な使いまわしがよくきく単語です。2番目の単語は，長めで，意味の輪郭が比較的がっちりしていて，文章語としてよく用いられる単語です。この両者が交じりあって，英語を豊かなことばにするのです。

◎**句動詞**──英語の日常語には，もうひとつ大切なグループがあります。**句動詞**（phrasal verb）です。たとえば，「消火する」は extinguish なのに対して，「〈火を〉消す」なら put out という日常表現があります。ローソクの火を「吹き消す」なら blow out。この out は前置詞ではなく，**パーティクル**（副詞的小辞，不変化詞，副詞，particle）と呼ばれます。

　この〈基本動詞＋パーティクル〉で構成される他動詞的な句動詞は，次のようにふるまいます。

　　(a)　give *up* the plan（その計画をあきらめる）
　　(b)　give the plan *up*
　　(c)　*give *up* it
　　(d)　give it *up*

代名詞が目的語のときは，(d)のように間にはさんで音調を整えます。(c)は言いません。

　これに対して，〈基本動詞＋前置詞〉としてふるまう句動詞は，次のようになります。

　　(e)　walk *up* the hill（その丘を歩いて登る）
　　(f)　*walk the hill *up*
　　(g)　walk *up* it
　　(h)　*walk it *up*

前置詞は，つねに名詞（句）・代名詞の前に置きます。前に置くから前置詞です。(f)と(h)は認められません。ただし，同じ形であっても，パーティクルと前置詞の両方の用法がある場合があります。上の up はその一例です。どちらの用法かは，たいていの辞書に書いてあります。

✓ パーティクルと前置詞を区別する

　〈基本動詞＋パーティクル〉の句動詞の例をいくつか挙げましょう。自動詞用法も含まれます。put on（着る），take off（脱ぐ），break out（突然起こる），bring about（引き起こす），bring out（持ち出す），give in（降参する），look over（ざっと見る）……。

　最後に，句動詞は，意味的にはひとかたまりの動詞なので，よく使用されるものは，かなり多義的にふるまうことがあります。日ごろからよく辞書を引いて意味を確かめましょう。（☞3章）

◎**米語・英語**──綴り字が英米で異なる場合があります。たとえば，center（中央）は米語で，centre は英語。同じく，behavior（行動）は米語で，behaviour は英語。私たちはあまり気にしすぎる必要はないものの，綴り字の違いは，文化的な意味の一部でもあることを忘れないでおきましょう。

　英米の差は綴り字にとどまりません。たとえば，「駐車場」は米語では parking lot，英語では car park です。「地下鉄」は米語の subway

に対して，英語では underground です。英語で subway といえば，通りの向こうへ渡るための「地下歩道」を意味します。

英米の違いをさらに詳しく見ると方言の差に至ります。日本語の関東弁と関西弁，東北弁と鹿児島弁などの違いに思いをはせましょう。〈解釈〉のひだは細かくなって，意味の先端部分はこのようなところにも確かに届いています。

▶ Review （　）に適語を補充し，{　}から正しいものを選びなさい。

(1) sell や buy のような典型的な対義語でさえ，意味や構文においていくつかの{かたより／均一性}を示すのがふつうです。
(2) ある語を耳［目］にして喚起される知識の総体は，（　　　）と呼ばれます。また，その知識をより動態化したものは，とくに（　　　）と呼ばれることがあります。
(3) 英語史上最大の出来事は，1066 年に起こった（　　　）です。この結果，英語の中に大量の（　　　）語が流入しました。これは，日本語の中に古来の大和ことばと並んで，多くの（　　　）が含まれることとある意味で似ています。
(4) 同じ形をした，たとえば，up や down には，前置詞の用法と（　　　）の用法があり，両者は区別が必要です。

◆演習 A

(1) 「ベーコンエッグ」は，英語ではふつう bacon and eggs と言います。日本語と英語の表現を比較して，とくに目立つ相違点を指摘しなさい。また，その理由を考えなさい。
(2) While I was driving with our kids, suddenly *the* engine lost power.（子どもと一緒にドライブ中に，急にエンジンのパワーが落ちた）の文で，主節の the は，違和感なく〈解釈〉できますか。(☞6 章 3 節応用 2)

◆演習 B

(1) 英語の lukewarm と日本語の「ぬるい」は，それぞれ何を意味しますか。とくに意味の履歴に注意して分析しなさい。
(2) 次の (a) と (b) では，意味的な矛盾が強く感じられるのはどちらですか。その理由も考えなさい。(☞5 章 1 節発展 1)

　　(a) I *taught* Tim English, but he didn't learn it at all.
　　(b) I *taught* English *to* Tim, but he didn't learn it at all.

2節　身体とエコロジー

　ことばは，音と意味が慣習的に結びついた単位（ユニット）を用いて意思伝達を行います。それを行う主体の私たちは，身体を環境の中に置く存在です。必然的に身体的知覚と認識が意味の基盤となります。

❶意味の身体的基盤
　手はじめに「立つ」の意味を考えましょう。漢字の「立」は，大地を表す「一」の上に両手足を広げた人を表す「大」が乗る姿です。人間の，それも命ある人間の基本的な姿です。
　「立つ」は，「座る」や「横たわる」や「寝る」と対照的な意味を表します。「立つ」は，生ある者の姿を表象します。「倒す」や「倒れる」などとの対比の中で，「立てる」と「立つ」の意味が定まるのです。

❷水平的な世界
　世界は，一般に，水平方向が支配的ではないですか。いまでこそ地平線はなかなか見られなくなったものの，かつてはそれほどむずかしいことではありませんでした。高層建築などなかった時代には，水平方向が基本だったのです。ことばは，そのような記憶をとどめています。
　水平方向が支配的な環境の中で立ち上がること，または上方へ伸び上がることは，とても目立つことだったでしょう。「目立つ」という表現は，「目に立って見える」対象に対して用いられるものです。
　「立つ」は，一般的に，活動の方向を意味します。寝ていたり座っていたりしては，事が始まらないからです。たとえば，「腹が立つ」も「風が立つ」も，ある活動が始まることを意味します。
　このように，〈ことばの意味の中心に身体的知覚・認識がある〉というのが認知言語学の考え方の基本です。この点は，新鮮な驚きの気持ちをもって接することが大切です。私たちの身体は，ことばと大地を結んでいるのです。

❸知覚・感覚のことば
　私たちの身体には五感が備わっています。各感覚にそれ専用のことばが対応します。「冷たい」は触覚，「甘い」は味覚の表現ですね。表現の質と量の観点からして，もっとも大所帯なのはどの感覚だかわかりますか。それは視覚です。「明るい」「広さ」「高い」「渡る」などはすべて視覚表現です。これらは，他の感覚ではとらえるのが完全に不可能ではないにしても，きわめて困難でしょう。
　言語的に見れば，視覚は感覚の王者です。後に見るように，視覚表現は，メタファーにも広範囲に展開して，私たちの言語の根幹をなします。

第1章……ことばの〈解釈〉，世界の〈解釈〉

❹生態的地位

言語学とエコロジーの関係は密接です。おそらく，ことばは身体と共にあり，身体は環境の中にあるから，つまり生態系の中に組み込まれているからなのでしょう。

✓ことばは環境的存在である

ことばについて考えるとき，**生態的地位**（ecological niche）という概念が重要です。ある表現は，まわりの関連表現の中で独自の地位を保つという考え方です。住み分けをするということです。この考え方は，たんに語句のみに当てはまるのではなく，より大きな単位となる**構文**（construction）（☞5章2節）にも当てはまります。

この節では，環境の中に置かれた身体とことばの密接な関係を中心に見ましょう。

身体のことば（基本1）

「頭」「首」を一部に含む表現と「足」を一部に含む表現をできるだけ多く挙げて，両者の表現の質と量を比較しなさい。

アプローチ たとえば，頭首，首都，人足などの表現をたくさん集めましょう。国語辞典だけではなく，漢和辞典も調べてください。自ら資料を集めることは，ことばの研究ではきわめて大切です。

解答と解説 ◎頭・首と足──身体的な機能では，もっとも重要な部分を担うのが頭と首です。ですから，「もっとも大切な，一番の」という意味を担います。「頭」を含んで組織の長を表す表現に，頭目，頭領，頭首，頭取，会頭，船頭などがあります。また，「首」を含んだものには，首相，党首，元首，首脳，首長，首領などがあります。直接的な組織から離れると，頭角，首都，首席などもこの仲間でしょう。

他方，「足」については，身体的な意味を色濃く残したものという限定をかけると，人足，足軽，下足などが挙げられます。しかし，その数は限られます。意味的にもぱっとしません。足軽は，最下級の武士の意味です。

◎身体と価値──では，なぜ頭・首と足とでは，これほど大きな意味の差が生じるのでしょうか。それは，私たちの〈身体が世界を意味づける〉根源的な装置として使われるからです（☞3章4節応用2）。ある組織のトップを何と呼ぼうかという問題に対して，身体名を活用するのが便利だという判断を下すからです。なぜなら組織は人の集まりだからです。かつ，都合のいいことに，身体各部は，それぞれの機能の差が比較的明瞭なのです。

✓身体は意味発生装置

頭・首と足は対照が際立ちます。この認識には，さらにその背景に，私たちが立ち上がったとき，頭・首が最上位にきて，足が最下部にくることとも関係するでしょう。上下の軸が価値づけの軸としてことばの中で揺るぎない地位を占める（☞3章1節発展2），ということも考え合わせてください。

◎**意味と差異**——〈世界を意味づける〉とは，もう少し言うと，世界を分節・差別化することです。つまり，積極的に差異を見いだすこと。ですから，身体的にそれほど大きな差がないようでも，そのわずかな差を手がかりにして，世界をくっきりと差別化します。たとえば，手の左右，体の左右は差がわずかです。しかし，この差を使って世界を切り分けると，英語のrightに典型的に表れるように，「右」「正しい」「（まっ）すぐ」のような一体的な意味展開が現れます。「左」との意味的対比は強烈です。

上下の知覚（基本２）

「背丈が伸びる」と「学力が伸びる」には，「伸びる」が共通して用いられます。両者の「伸びる」はどのように関係しますか。

アプローチ　考え方の基本的な道筋は，身体的な意味とプラスの方向性を出発点に置くことです。

解答と解説　◎**具象から抽象へ**——「背が伸びる」の「伸びる」から「学力が伸びる」の「伸びる」に意味が展開すると考えます。つまり，身体的意味からより抽象的な意味へ，という方向です。より一般的に言えば，具象的な意味から抽象的な意味へ，という展開です。具象的な意味の基礎に身体的な知覚があるのは言うまでもありません。具象的は，物理的と言っても同じです。英語のphysicalが，「身体的な」と「物理的な」の両方を意味するのもおもしろい点です。

◎**上下の軸**——「伸びる」は，とくに断らない限り上に伸びると理解します。成績の伸びを，たとえば，棒グラフで表すとすれば，上に伸びる棒を用いるでしょう。論理的には，下に伸びる棒グラフや，右または左に伸びる棒グラフでも同じ意味を表せます。しかし，上向きの棒グラフがふつうです。

上方向の棒グラフは，身長の伸びと同じ方向だからです。この身体的な知覚・認識を抽象的な学力の伸びに適用すると，自然と上向きの伸びが選ばれるのです。

この選択は，「教育」という概念にも表れます。教育には「育」が入っています。教えることと育てることを並行に見ようという発想です。「人を育てる」という言い方は，背丈を伸ばして大きくすることと，その人の様々な力量を伸ばすことが一体になった認識でしょう。

第1章……ことばの〈解釈〉，世界の〈解釈〉

視覚の優位（基本３）

2節の冒頭の解説で「言語的に見れば，視覚は感覚の王者です」と述べました。実際に五感（視覚，聴覚，嗅覚，味覚，触覚）の表現を挙げると，各感覚固有の表現がかなり限られるものと，そうでないものがあるとわかります。比較的表現が豊かな感覚は，視覚ともうひとつはどれでしょうか。また，視覚に関する表現は，本当に多いと言えるでしょうか。

アプローチ 固有表現がかなり限られるのは，聴覚と嗅覚でしょう。もうひとつ，感覚固有の（借り物ではない）表現が比較的少ないのはどの感覚でしょうか。

解答と解説 ◎**感覚固有の表現の数**——嗅覚は，おそらく固有表現がもっとも少ないでしょう。ついで聴覚。「うるさい」「静か」のような静騒を表すことばと擬音です。擬音はもちろん豊かです。しかし，これを聴覚固有の表現とするか，それとも別扱いにするかは微妙です。擬音の問題を横に置くと，次に表現が比較的乏しいのは味覚です。まさか，と思いますか。基本の五味（甘い，辛い，酸っぱい，苦い，旨い）のほかは，総合表現の「おいしい」と「まずい」。これら以外に，あとどれだけ味覚固有の表現を追加できますか。挑戦してみてください。あまり伸びないことにもう一度驚くかもしれません。

意外にも，触覚表現は比較的豊かなのです。その理由のひとつは，触覚は，冷覚，温覚，痛覚，圧覚，それからテクスチャーに関わる感覚（硬軟，乾湿，粘性，触性）にそれぞれ分化するからです。それに伴った表現が用意されています。また，とくにテクスチャーに関わる表現には，擬音語のみならず擬態語も関係してきます。

最後に，視覚を考えましょう。静態的な知覚に限ると，目に映るものは究極的には，光と形でしょう。光は色彩，明暗などを含みます。形は，輪郭のみならず次元に関わる知覚も含みます。例を挙げるまでもなく，これらの知覚に関わる表現はきわめて多岐にわたるとすぐに納得できるでしょう。これに，動きをとらえる表現を足してください。視覚は，やはり感覚の王者であり，表現の王者です。

◎**共感覚表現**——たとえば，聴覚表現としての「大きな音」（*big* sound）を考えると，この「大きな」が聴覚固有の表現ではないことに気づきます。「大きな」は視覚表現でしょう。感覚間で表現を融通しあうのです。この種の表現を**共感覚表現**（synesthesia）と呼びます。「バイオリンの甘い音色」の「甘い」は味覚，「色」は視覚から借り入れた表現です。本来の聴覚表現ではありません。そこで，固有表現が少ない感覚は，微妙な違いを表す必要に迫られると，必然的に他の感覚からの借り入れが増えることになります。あとでもう少し詳しく検討しましょう。（☞応用２）

図と地（基本４）

2つの表現「ソファーの上の絵」と「絵の下のソファー」とでは，それぞれソファーと絵のどちらに力点があるでしょうか。

アプローチ 図 (figure) と地 (ground) の観点から考えましょう。図は浮き立って見えるもの，地はその背景です。どちらが図になるかという問題です。

解答と解説 ◎図と地──図５のような図形（ルビンの杯）は図地反転図形と呼ばれます。浮き立って見える部分が図です。しかし，向き合う人と杯の両方を同時に見ることはできません。一方が図となれば，他方は地となって背景に退きます。

図５　図地反転図形

このことは，私たちが図として認識できるのは，一度にひとつであることを意味します。この点はどの言語・民族にも当てはまり，「ソファーの上の絵」と「絵の下のソファー」では，図と地の関係が入れ替わると考えられます。つまり，「ソファーの上の絵」では絵が図でソファーが地，また「絵の下のソファー」ではソファーが図で絵が地となります。

この図と地の概念は，もともと認識（ゲシュタルト心理学）に関わる用語なので，認知言語学では表現を問題にするとき，図を **tr**（**トラジェクター**, trajector）と呼び，地を **lm**（**ランドマーク**, landmark）と呼びます。ただし，tr と lm は，言語表現一般に関する概念なので，視覚認知に限られる図と地の概念よりも適用範囲が広いと考えましょう。

◎ものと関係──「ソファー」や「絵」は**もの** (thing) を表し，「～の上の」や「～の下の」は**関係** (relation) を表します。一般に，主要品詞では名詞はおもにものを表し，動詞，形容詞，副詞，前置詞は関係を表します。「～の上の」と「～の下の」は，英語ではそれぞれ above と below の前置詞に相当します。

◎**tr と lm**──名詞はふつうものを表します。しかし，中には関係を表す語が存在します。「父」はその一例であり，tr と lm を内蔵しています。「父」は，つねに「～の父」という意味ですから。単独で独立したものとはとらえられません。たとえば，「（太郎の）父」という意味なら，太郎が lm で父が tr となります。このように関係概念では，tr と lm の一方（極端な場合はその両方）が明示（言語化）されない場合があります。

> **ここがポイント！** 認知言語学は経験基盤主義に立つ。

▶ Review （　）に適語を補充し，｛　｝から正しいものを選びなさい。

(1) 意味の基盤に（　　）的な認識がある，と考えるのが認知言語学の基本的な見方です。言わば，（　　）的な知覚・認識が世界を意味ある存在に変えていく，という考え方です。
(2) 五感とは，触覚，味覚，嗅覚，視覚，聴覚のことです。この中で，言語表現にもっとも多く取り込まれるのは，（　　）です。
(3) ことばは環境的な存在であり，語句や構文などは，まわりの関連表現の中で独自の地位を保つと考えられ，その地位は（　　）と呼ばれます。
(4) big sound（大きな音）のように，異なる感覚に基づいて語を借り入れる表現は，（　　）と呼ばれます。
(5) ｛図と地／tr と lm｝は，おもにゲシュタルト心理学で用いられる概念であり，認知言語学ではおもに｛図と地／tr と lm｝が用いられます。後者のほうがより広い概念です。

◆演習A
(1) 次の表現は，五感のうちのどの感覚が関係しますか。また，共感覚表現はどれですか。
　　(a) まずい結果　(b) くさい仲　(c) なめらかな音　(d) 長い時間　(e) うるさい柄
(2) 視覚表現の「まっすぐな」と「曲がった」は，それぞれ物理的な意味からどのような意味展開をしますか。
(3) 英語の head と neck にも，それぞれ「頭領」や「首相」などと対応する表現はあるでしょうか。

◆演習B
(1) 「目立つ」と stand out がほぼ同じ意味を表すのはなぜですか。stand out の意味の造形法を考えなさい。
(2) a bicycle in front of the building と the building behind a bicycle とでは，どちらがより自然な表現でしょうか。その理由も考えなさい。

身体名称（応用1）

身体各部の名称は，必ずしもそれぞれが独立した名前を持つわけではなく，ある名称を使い回すことがあります。たとえば，日本語の「手首」には「首」が使われ，「膝頭」には「頭」が入り込みます。ほかにもこのような例を探して，そこに一定の言語的な傾向が見られないかどうかを確かめなさい。

アプローチ　頭と首に絞って，「～頭」「～首」　の例を探しなさい。

解答 「頭」に関しては，「膝頭」以外も「咽頭」「喉頭」「乳頭」などがあり，「首」に関しては，「手首」以外に「足首」「乳首」などがあります。

解説 例から推測できるように，頭や首などの身体の上半身に属する重要部分を，身体の下の部分の名称に貸与することがわかります。この〈上から下へ〉という一方向性は，言語学者の調査によれば，人間の言語のほぼすべてに見られる傾向のようです。これも，身体各部に対する私たちの認識の現れだと考えていいでしょう。つまり，自然と価値づけをするということ。価値の高い部分を低い部分に適用し，その逆はしないということです。

身体名称（類題）

上の問題でひとつ気になる表現は「目尻」です。「尻」は下半身に属し，「目」は上半身に属するので，下半身の用語を上半身の身体部分の名前に適用する例だと考えられます。この表現は，〈上から下へ〉の方向性の例外なのでしょうか。

アプローチ 「目尻」は単独で用いられる用語でしょうか。それとも何かとペアで用いられるでしょうか。

解答 「目尻」が単独の表現ならば，〈上から下へ〉の方向性の例外となったでしょう。が，もう少し冷静に考えると，「目尻」は「目頭」とペアで用いられる表現だとわかります。両者がつねに同時に用いられる必要はなく，ただ一方は他方と（たとえ潜在的であっても）対比して用いられます。顔の中央寄りの目の部分に「頭」を据え，外寄りの部分に「尻」を当てて，これによって「頭」と「尻」の価値づけを適用すると考えられます。

解説 「目頭が熱くなる」や「目頭を押さえる」のように，「目頭」は感情の表出と結びつきやすいのに対して，「目尻」は，しわが寄ったり垂れ下がったりする部分と認識されて旗色が芳しくありませんね。ですから，「目尻」は〈上から下へ〉の方向性の例外ではなく，「目」の部分に「頭」と「尻」のペアをセットで適用して，上下の価値づけをしたと考えるのがいいでしょう。

共感覚表現（応用2）

先に示した共感覚表現「大きな音」は，表現の貸借関係を簡略化して示せば「視覚→聴覚」となります（「大きな」は視覚表現で「音」は聴覚表現）。五感の任意の2つの感覚を選んで，その中からよく用いられる共感覚表現のパタンとその実例を示しなさい。

アプローチ 論理的には，すべてで20組のパタンが存在します。その中からよく用いられる

パタンを抽出してください。

解答 全20組のパタンと代表的な例を示せば次のようになります。

(1) 触覚→味覚：重い味
(2) 触覚→嗅覚：ツンとしたにおい
(3) 触覚→視覚：暖かい色
(4) 触覚→聴覚：なめらかな音
(5) 味覚→嗅覚：甘い香り
(6) 味覚→視覚：渋い色
(7) 味覚→聴覚：甘いささやき
(8) 味覚→触覚：(真珠の) 甘い質感
(9) *嗅覚→視覚：(血) 生臭い光景
(10) *嗅覚→聴覚：芳しい響き
(11) 嗅覚→味覚：香ばしい味
(12) *嗅覚→触覚：？
(13) 視覚→聴覚：大きな音
(14) 視覚→嗅覚：奥深い香り
(15) 視覚→味覚：平板な味
(16) 視覚→触覚：薄いとろみ
(17) 聴覚→視覚：うるさい柄
(18) *聴覚→嗅覚：静かな香り
(19) 聴覚→味覚：静かな味
(20) *聴覚→触覚：ざわざわした触感

これを「A感覚→B感覚」で一般的に示せば，B感覚が原感覚（いま感じる感覚）であり，A感覚が共感覚（いま感じる感覚に表現を貸す感覚）です。(1) から(20) はけっして対等ではなく，よく用いられるパタンとそうでないパタン，その中間のパタンに分かれます。*印は，(12) のようにまったく例が見つからないものと，(9)，(10)，(18)，(20) のように例が少ないものを示します。逆に，例が比較的多く見つかるのは，触覚を共感覚とする (1)－(4) と視覚を共感覚とする (13)－(16) です。

解説 ◎**五感固有の表現**——ここにも意味のかたより現象が見られます。五感はそれぞれ固有の感覚・認識器官なので，対等ではありません。ですから，それに基づく表現も当然対等ではなく，表現の種類とその量も格差が激しいのです。

たとえば，嗅覚固有の表現はきわめて乏しい。本来の形容詞に限れば，芳しい，香ばしい，臭い……どうも後があまり続きそうにないですね。無理やりひねり出せば，「馥郁（ふくいく）たる」なども出るが，数が少ないことは間違いなさそう。「グレープフルーツのような香り」などの表現法で補います。固有の嗅覚表現が少ないことが，共感覚として表現の貸し手に回りにくい大きな原因になるのでしょう。

同様のことは，聴覚表現にも当てはまります。聴覚も固有の表現は限られます。ただし，聴覚の場合は，日本語には豊かなオノマトペが控えています。この一部を聴覚表現に含めると，その数は一気に増大します。

他方，触覚と視覚は，共感覚表現の貸し手に回って大活躍します。その大きな要因は，それぞれの感覚でとらえられるものが多岐にわたり，かつその表現が質量ともに豊かであることにあります。触覚は，生理的には，圧覚，痛覚，温覚，冷覚に加えてテクスチャー（硬軟，乾湿，粘性，触性）に関係します。それぞれに固有の表現があります。また，視覚は，大別すれば，光と形を知覚するが，光は色と明るさ，形は次元（垂直，水平，奥行き）のみならず，大小や形態などとも深く関係します。これに動きを加えると，おそらく視覚は，共感覚表現の最大の貸し手になると考えられます。

◎**共感覚表現の方向性**——共感覚表現に関しては，五感の各感覚どうしの貸借関係が問題になります。とくにどちらからどちらに表現を貸し与えるか（つまり，共感覚から原感覚へ）という方向性が問題になります。しかし，この問題を解くには，上にも述べたように，どこまでが各感覚固有の表現であるのかを，まずよく見極める必要があります。

たとえば，視覚表現を色と次元に限定して考える従来の方法は，恣意的に視覚表現の範囲を狭めます。本書で強調する方法は，言語事実をまずしっかりと見極めること。その先に分析があります。

✓ **よく収集してよく分析する**

ひとつの言語の分析がよくできれば，次は他の言語での分析およびその言語との比較もできるでしょう。

共感覚表現（類題）

voice（声）の共感覚表現（voice が原感覚）として，*low* voice, *smelly* voice, *sweet* voice, *smooth* voice の4つを比較して，極端に頻度の低い表現をひとつ指摘しなさい。

アプローチ Google で検索するとき，それぞれの表現を "low voice" のように二重引用符で囲むと，セットで検索できます。より信頼度を高めるためにはサイト指定をするのがいいでしょう。たとえば，"low voice" site:edu で検索すると edu（教育）のサイト検索ができます。

解答 まず，voice が聴覚表現なのを確認して，low（低い）は視覚，smelly（臭い）は嗅覚，sweet（甘い）は味覚，smooth（なめらかな）は触覚の表現なのを確かめましょう。

実際の検索結果からわかることは，*smelly* voice の頻度が極端に低いことです。念のために，foul（臭い）との結びつき *foul* voice，fragrant（芳しい）との結合 *fragrant* voice でチェックしても，大きな変化は見られません。さらに，voice を sound と取り替えてもほぼ同じ結果です。嗅覚→聴覚への共感覚表現はまれだと考えていいでしょう。

解説 こうして応用2で示したように，20通りすべての組み合わせを確かめれば，英語の共感覚表現の一覧表が完成します。ここから頻度の高いものと低いものを区別し，その結果を日本語の結果と突き合わせれば日英比較ができます。共通点と相違点を吟味したうえで，別の外国語と比較すれば，言語の普遍的傾向と個別言語の特徴，さらにその理由も明らかとなるでしょう。

類義語の住み分け（応用3）

「みる」を表す代表的な表現に，「見る」「看る」「診る」「観る」「視る」があります。本来どのようにして意味を住み分けていますか。

アプローチ すべての「みる」を「見る」で表すことが多くなっているが，いくつかの辞書の説明と用例をチェックしましょう。

解答 「見る」は「目を対象に向けてその存在・

形・状態を確かめる」行為を意味します。したがって、「看る」「診る」「観る」「視る」に共通するスキーマの役目を果たすので、とくに細かく区別しない場合は、現在「見る」ですべてをカバーします。

しかし、より繊細な「みる」の意味を伝えようとする場合は、「診る」は診察の意味で、「患者を診る」「脈を診る」のように用い、「観る」は観察・観光・観覧の意味で、「生態を観る」「野球・映画・芝居を観る」「名所を観る」のように用い、「視る」は監視・視察・調査の意味で、「客観的に視る」「被災地を視る」のように用い、「看る」は世話の意味で、「病人・赤ん坊を看る」のように用います。

なお、「やってみなければわからない」などの「やってみる」の「みる」は、補助動詞としての用法であり、通例かな書きされます。**文法化**（☞3章4節）されていると言えます。

解説 ◎同音の類義語は消滅するのか──「見る」「看る」「診る」「観る」「視る」は、本来おおよそ上記のような意味的な住み分けをしていました。ところが現在では、このような同音の類義語はひとつの漢字で間に合わせる傾向にあります。同音異義語は、たとえば、「会う」と「合う」は使い分けます。しかし、「会う」と「逢う」「遇う」は同音の類義語なので、「会う」ひとつで済ませるようになりました。かつてのより繊細な意味の住み分けは、しだいに消えつつあるようです。

しかし、もし漢字文化が消滅すれば、「会う」と「合う」の区別はできなくなってしまいます。事実、ハングルではこのことが起こり、言語文化の伝承がストップしてしまう危機にあります。韓国で漢字の復権が模索されるのは、理由のないことではありません。日本語においても、すべての表記がローマ字化（あるいはひらがな化）されれば、同じことが起こるでしょう。

▶ **Review** （　）に適語を補充し，{　}から正しいものを選びなさい。

(1)「足首」の{足／首}は文字通りの表現ではなく，身体部位の{上／下}の表現を{上／下}の部位に適用したものです。表現の仕組みとしては，{上から下へ／下から上へ}の方向性が確認できます。

(2)「暖色」は，英語の（　　　）color と対応します。「暖」は（　　　）の感覚を表し，「色」は（　　　）の感覚を表すので，「暖色」は（　　　）表現です。

(3)「見る」「診る」「観る」などは（　　　）と呼ばれます。

◆**演習A**

(1) 日本語の副詞「きっぱり（と）」は，どのような表現と結びつきやすいですか。実例を検索してつきとめなさい。（☞5章3節応用演習B (1)）

(2) 日本語では「隅」と「角」は意味が異なるでしょう。両者でどのように意味を住み分けていますか。（☞3章3節発展3）

◆**演習B**

(1)「思う」と「想う」は，どのように使い分け（住み分け）がなされていますか。辞書の記

述と実例の検索に基づいて分析しなさい。
(2) 味覚を共感覚とする共感覚表現と，味覚を原感覚とする共感覚表現を，それぞれ4種類ずつ挙げなさい。

意味の身体的基盤（発展１）

　backward forward（後ろ前に），inside out（裏返しに）などは，たんに「さかさま」を意味するにとどまるが，upside down は，「上下を逆に」という「さかさま」の意味に加えて，「大混乱の」をも表します。その理由を，英語の類似表現 topsy-turvy や日本語の「上を下への大騒ぎ」なども参考にして考えなさい。

アプローチ　前後，左右，上下の軸を比較し，認識上どれがもっとも重要かを判断しましょう。またその理由も考えなさい。

解答　身体的認識として，前後・左右・上下の3者でもっとも確かで揺るぎのないものはどれかを考えると，それは上下の認識です。身体的には上半身と下半身が明確に区別ができることに加えて，上下の知覚・認識は地球の重力によって規定されます。それゆえ，たとえ旅先で目覚めても，上下はまっ先に確かめられます。

　身体的にも，左右を取り違えたり，前後不覚に陥ることはときにあるが，上下の感覚が日常生活の中で怪しくなることはないでしょう。それだけ上下の軸はしっかりしているのです。上下がさかさまになるのは異常事態です。

　upside down や topsy-turvy が単なる上下のさかさまのみならず，大混乱をも意味するのは，ことばの意味の基盤に身体的認識があることを証明します。

✓ **意味には身体的基盤がある**

　日本語の「上を下への大騒ぎ」も，大混乱を意味する成句として定着しています。

解説　◎意味の身体的基盤──上下の軸は，身体的知覚からより抽象的な認識まで貫きます。いまは，上下のさかさまに限ると，たとえば，upset a cup（カップをさかさまにする，伏せる），upset a boat（船を転覆させる）などは物理的な意味で，upset someone's feelings（人の気持ちを動転させる）や upset someone's plan（人の計画をひっくり返す）などは抽象的な転覆・混乱を表します。（☞6章1節応用2）

　また，転覆は，たとえば，「政府の転覆」などにも使えます。同じことは，英語の topple, subvert, overthrow にも当てはまります。topple（よろけて倒れる，転覆する）には top が入っていて，語源的には「上が入れ替わる，ご

ろりとひっくり返る」ことを意味します。また，subvertも「〈政府などを〉転覆する」の意味で用いられて，語源的にはsub（下から）とvert（回転させる）からなります。overthrowも同様の意味で用いられ，語源的にはover（弧を描くように）とthrow（投げる）の結合なので，ごろりと倒す（打倒する）イメージです。

これらすべての語に，身体的な知覚，とりわけ上下に関する知覚が深く関わることは明らかでしょう。また，日本語と英語との間に，偶然とは思えない一致が見られることも確かでしょう。意味の根底に身体的な基盤があるとは，人間のことばに共通な身体的基盤があるということです。

意味の身体的基盤（発展2）

日本語の「心の中で」はよく用いられる表現です。同じく英語のin the mindもよく用いられます。両者を比較すると，「心の中で」の「中で」とin the mindのinは認識的に共通することに気づきます。これが単なる偶然であるのかどうかを考えなさい。

アプローチ　「〜の中で」やinは，心（mind）を一種の入れ物だと認識します。一般に，入れ物の認識は，どのような経験を通して得られるでしょうか。

解答　入れ物の認識は，おそらく**系統発生**（つまり，ホモ・サピエンスの進化）的にも**個体発生**（つまり，一個人の誕生からの成長）的にもきわめて重要な**元型**（アーキタイプ）的イメージのひとつでしょう。

まず，個体発生的には，母親の子宮という入れ物を出発点として，誕生後は親の腕の中で育ち，寝具の中で眠り，部屋・家という入れ物で守られ，家は垣根・塀で防御され，さらに町を高い壁で囲って敵の侵入を防ぐ……というように幾重にも入れ物を重ねます。

また，系統発生的には，古代文明のもっとも初期に器の使用が認められます。その大本の形は，おそらく両手を合わせて水をすくい取る姿でしょう。手を器の形にし，その形を模して器を作り，次々と多様な入れ物を生みだしたのです。

個体発生と系統発生の相互作用によって，元型としての入れ物のイメージは，一層強化されたでしょう。現在，原子核からロケットまで大小様々な入れ物が存在します。

このような入れ物の概念は，物理的なものに限りません。心（mind）は抽象概念であっても，容易に入れ物としてのイメージが形成されます。ここでも再び〈意味には身体的基盤がある〉ことが確認できます。

解説　◎「もの」から「入れ物」へ——ある思考対象を「入れ物」と認識する前には，それをまず「もの」ととらえる認識があります。逆に言えば，「もの」をより具体化した形のひとつが「入れ物」です。先に述べたように，「自信」も抽象概念なので，これを思考対象とするには，最低限の形として「もの」を認定し，ものなら手にすることができるので「自信をもつ」と表現できたのです（☞1節応用1）。

同様に，心もあるひとつの「もの」と認めたうえで，もう一歩形を整えて「入れ物」と見なします。入れ物なら底があり奥行きもあるで

しょう。「心の底から」「心の奥深くに」などと表現できます。英語では,それぞれ from the bottom of the mind と deep down in the mind。これも偶然の一致だとは考えられません。

生態的地位（発展3）

次のやりとりは,スープの中にハエが入っていると文句をつける客とウエイターとの会話であり,有名なジョークです。"what's this fly doing" の部分に仕掛けがあり,通常の疑問文の意味とイディオムの意味があります。おかしさを分析して,このジョークの広がりを Google などで調べなさい。

A：Waiter, what's this fly doing in my soup?
B：Madam, I believe that's the backstroke.

【語句】fly ハエ　backstroke 背泳ぎ

アプローチ　"what's this fly doing in my soup?" の文字通りの解釈は「このハエは私のスープの中で何をしているの」との疑問であり,イディオム的な読みは「どうしてスープにハエが入ってるの」との非難です。Google などで調べるときは,"what's this fly doing in my soup" のままで検索しなさい。

解答　客が「どうしてスープにハエが入ってますの」,取り替えてちょうだい,と文句をつけたところ,ウエイターは文字通りの疑問文と解釈して,「背泳ぎをしているのだと思います」ととぼけます。客の発言の解釈は,おおよそ「このハエはスープの中で何をしているの」→「(何の必要性もないのに) このハエはスープの中で (一体) 何をしているの」→「何でスープにハエなんかが入ってるのよ」というように推論が進みます。

このやりとりは,設問のパタンをおおよその原形として,次々とバリエーションが広がります。まず,客が男性の場合は,

A：Waiter, what's this fly doing in my soup?
B：Um, looks to me to be the backstroke, sir.
（あの,私には背泳ぎのように見えますが）

返事をすっかり入れ替えると,

A：Waiter, what's this fly doing in my soup?
B：It's fly soup, sir!
（ハエスープでございます）

質問に変化をつけると,

A：Waiter, there's a fly swimming in my soup!
（ハエがスープの中で泳いでるぞ）
B：So what do you expect me to do, call a lifeguard?
（ではライフセーバーでも呼べとおっしゃるので）

ハエを取り替えると,

A：Waiter, there's a moth in my soup.
（スープにガが入っているが）
B：That's because we're running out of flies, sir.
（ハエを切らしているもので）

A：Waiter, what's this frog doing in my soup!

（ねえ，スープにカエルが入っているわ）

B：Looks like he's eating the fly.

（例のハエを食べているようですね）

A：Waiter, there's also a needle in my soup!

（針も入っているわ）

B：I'm sorry, madam, that's a typographical error. That should have been a noodle.

（申し訳ございません，ニードルはタイプミスです。ヌードルを入れるはずでした）

スープをほかの品にすり替えれば，

A：Waiter, there is a fly in the butter!

（バターにハエが入っているじゃないか）

B：Yes, sir, it's a butterfly!

（これが本当のバタフライでございます）

A：Waiter, waiter, there's a dead fly in my wine!

（おいおい，ワインに死んだハエが入っている）

B：Oh no! I warned him not to drink and swim.

（まさか，飲んだら泳ぐなと注意したのに）

類は友を呼び，手を替え品を替えどんどん増殖します。ことば全体が生態系をなし，個々の表現が特定の生態的地位を保つ——このことが例を通して実証できます。

解説 ◎〈What's X doing Y 構文〉——"what's this fly doing in my soup?" は，より一般的には，What's X doing Y と表記できます。これは，ひとまとまりの構文です（☞5章2節）。形式的な特徴としては，①動詞は do，②do は進行形，③be 動詞は肯定（not を伴わない）の3点が挙げられます。また，意味的には，XとYとの間に場面的な〈不調和〉があることが重要。つまり，XとYの意味的な結合は，〈場違い〉な感じを生むということです。この点は，例題のハエとスープの関係に明らかでしょう。

レストランの場面を離れてもう少しこの構文の例を見ましょう。

(a) What's that sword doing on the table?

（何でテーブルの上にあんな刀があるのだ）

(b) What are these dishes doing in the sink?

（どうして流しに食器が置いたままなの）

(c) What's this crayon doing down here?

（何でこんな所にクレヨンが転がってるの）

(d) What's Ellen doing all dressed up in Mother's clothes?

（どうしてエレンはお母さんの服なんかで着飾ったりしてるの）

(e) Hey, what's that wire doing loose on the breaker box?

（おい，ブレーカーのあの配線は何ではずれたままなんだ）

Xは主語で，YはXの場所または状態（状態は「～の状態にいる／にある」というように一種の場所）を表します。文法的には，Yの形はかなり多様です。(a) と (b) は前置詞句で場所を示し，(c) の down も here もともに副詞でやはり場所を表し，(d) は過去分詞で主語の状態を示し，(e) は形容詞でやはり主語の状態を表します。

ここでも，構文は，いくつかの特徴を束ねて，独自の生態的地位を保つことがわかるでしょう。スープの例も加えて，(a) や (b) のよう

な例が中心となり，そのまわりに類似しつつ少しずつ異なる形態が群生し，ひとつの言語的生態系を形作るのです。構文もひとつのカテゴリーです。(☞5章)

> **ここがポイント！** ことばの生態学に注目。すべての表現は，まわりの関連する表現とともに独自の生態的地位を保つ。

▶ **Review** （　）に適語を補充しなさい。

(1) 上下の認識や入れ物の認識およびそれに基づく言語表現から，ことばの意味には（　　）基盤が備わると言えます。

(2) ことばは全体としてひとつの生態系をなし，個々の表現は特定の（　　）地位を保つと言えます。

◆演習A

(1) let alone（〜は言うまでもなく）は，肯定的文脈か否定的文脈かどちらでふつう用いられますか。実例をインターネットで検証して答えなさい。

(2) 次のジョークのおかしさを指摘しなさい。

　　A：Waiter, there's a fly in my soup!
　　B：Look, there's a spider on the bread, he'll catch it for you.

◆演習B

(1) 次の例文 (a) の sentence と emotion, (b) の words と concept, (c) の prose と ideas に共通するイメージは何ですか。(☞3章1節応用5)

　　(a) That *sentence* was filled with *emotion*. (あの文は感情で満ち満ちていた)

　　(b) You have to put each *concept* into *words* very carefully.
　　　　(それぞれの概念をことばに詰め込むときはよく注意しなければならない)

　　(c) Can you actually extract coherent *ideas* from that *prose*?
　　　　(実際あの文章から一貫した意味を引き出せますか)

(2) 「心の奥で」は，英語の in the back of someone's mind にほぼ対応します。両者はどのようなときにどのように用いられますか。その理由も考えなさい。

3節 主体性

　主体性（subjectivity）は言語表現にとってきわめて重要な概念です。同じ事態を表現するのにも，現場に密着して実況中継的に描写するのと，のちに解説的にまとめて報告するのとでは，ずいぶん表現形式が異なります。主体性とは，現場密着の度合いのことです。

❶主観・客観とは異なる

　主体性に近いことばに主観性があります。専門用語として使う場合は，改めて明確に定義すればとくに問題は生じないのですが，「主観」という表現には，少なくとも日常的には「自分勝手なかたよった考え」「事実に基づかない個人の思い込み」などというマイナスイメージが伴いがちです。

　そこで，ここでは主体性を用います。主体的な表現であればあるほど，現場での事態の展開を目の当たりにする感じがよく表れます。これを**リングサイド効果**と呼んでおきましょう。

　テレビでボクシングの生中継を見るのと，リングサイドで観戦するのとでは，ずいぶん雰囲気が異なるでしょう。ステレオで名曲を聴くのと，一流オーケストラの生演奏を聴くのとの差と言ってもいいかもしれません。演奏会場では，弦のこすれる音，奏者の一瞬の息遣いまでが聞こえます。

❷主体的な表現

　では，このような違いは，実際のことばにどのように表れるでしょうか。たとえば，「国境の長いトンネルを抜けると雪国であった。夜の底が白くなった」。『雪国』の有名な冒頭を鑑賞しましょう。これは，主体性が高い表現と言えるでしょうか。この小説は，島村を主人公とする3人称小説です。

　問題のひとつは，「トンネルを抜ける」ときの視点がどこにあるかです。二分法で示せば，トンネルの中なのか，それとも外なのか。おそらく日本人のほぼすべての読者が，視点はトンネルの中にあり，列車の中にあり，さらに主人公の島村の視点と一致すると答えるでしょう。

　この見方は，「雪国であった」という表現（暗く狭いトンネル内から白く広い雪国へ）が島村の知覚に基づく判断だと強く感じられることからも裏づけられます。さらに，「夜の底が白くなった」も，この見方を後押しするでしょう。読者の視点は，島村の視点に引き寄せられて一体化するのです。

　『雪国』のこの冒頭部分は，きわめて主体性が高い表現だと言えます。ただし，ここだけを読むと，1人称小説なのか3人称小説なのかが判断できない。島村が列車に乗っているという情報はまだ何ら与えられていないからです。

　　　✓ **主体性が高い表現は，読者を現場に引き寄せる**

主体性は，程度を含む概念です。主体性が高い表現から低い表現まであります。二分法はなじみません。これからその実態を調べましょう。

視点（基本１）

インタビューをする人（A）がゲスト（B）と対談するとします。テレビカメラはときどき位置を変えてその様子を映し出します。このときのカメラの代表的な位置をいくつか示しなさい。

アプローチ　カメラの位置によってAとBの両者あるいは片方が画面に映るでしょう。

解答と解説　◎カメラの位置——まず，AとBを左右に両者から等距離にカメラを据える視点が考えられます。実際，よく用いられるアングルです。このカメラ位置を通して視聴者はAとBを対等に見ます。二等辺三角形の頂点にカメラがあるという位置取りです（図a）。

ここからカメラをAとBの向こう側に180度回転させると，AとBの左右の位置が逆転します（図b）。

次に，カメラをインタビューする人Aの背に回り込ませて，その姿を画面の端に取り込んで，やや斜めからBをとらえる位置があります（図c）。この視点は容易に逆転がきくので，AとBの位置を取り替えると，カメラがB寄りの角度からAをとらえる画面が得られます（図d）。

もうひとつは，どれだけ技術的に可能かどうかは別にして，カメラがAの視点と完全に一致する場合です。AとBが対面するならば，画面上にBを映し出すと，Bはちょうどカメラ目線になるでしょう（図e）。この場合もAとBが逆転した視点が可能です（図f）。

この6種類がカメラの主な位置です。

◎**カメラ位置と主体性**——この中でどのカメラ位置がもっとも主体性が高いと言えるでしょう

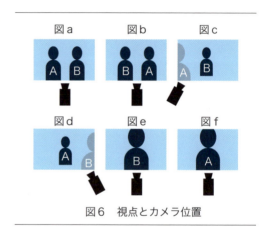

図6　視点とカメラ位置

か。カメラがAの視点からBを真正面に見る図eと，逆にBの視点からAを真正面にとらえる図fの2つでしょう。ただし，両者は同じではありません。前者はAと一体化した主体性が，後者はBと一体化した主体性が問題となります。

逆に，もっとも主体性が低いのは，一番最初のAとBを等距離にとらえる図aと図bの構図です。AとBのどちらにも片寄らずに，両者を対等に第三者的な立場から映し出す視点です。（いま左右の関係は無視します。）

なお，インタビューの場合は，もっとも主体性が高いカメラ位置を実現するのがやや困難かもしれません。しかし，たとえば，自転車で走るときなら，サドルにまたがる人が小型特殊カメラを額あたりに装着できます。すると，自転

車の走行に合わせて移動する主体的な画像が得られます。ワシやタカにカメラを装着すれば鳥目線の画像をとらえられるでしょう。

◎**主体的な表現**──言語表現と映像表現は認識的には連続したものだと考えられます。たとえば，次の2つの文を比較しましょう。

(a) Sally and Max are sitting *across* the table.

(b) Sally is sitting *across* the table *from* Max.

(a)は「サリーとマックスはテーブルに向かい合わせで座っている」を意味し，カメラ位置と対応させるなら，サリーとマックスの両者から等距離の位置にカメラを据えます（いまはSally and Max と Max and Sally の語順の差は無視します）。他方，(b)は，明らかに視点はマックス寄りです。マックスから見てその向かい側にサリーが座る場面を写し取るからです。(b)の方がマックス寄りの主体的な表現です。

では，さらに次の文を比較しましょう。

(c) Sally is sitting *across* the table *from* me.

(d) Sally is sitting *across* the table.

マックスが「私」になりました。(b)と(c)のカメラ位置は基本的には変わりません。しかし，(d)は違います。カメラは，言わば，すでに私の懐に飛び込んでいます。私からの見え（つまり，正面にサリーが座っているのが見える）が生中継的に表現されるのです。きわめて主体性が高い表現です。

もうひとつ，ここで考えておきましょう。それは，認識主体＝認知主体が(b)のマックスに完全に同化した場合を表現する，つまりマックスからの見え＝マックスの心の想いを現場体験的に（文学の用語では〈意識の流れ〉的に）表現すれば，(d)のように表せるという点。3人称小説では，しばしば(d)のような形（ただし，時制はふつう過去形）で表現されます。

主体性（基本2）

長距離トラックのフロントガラスにステッカーが貼ってありました。そこには「思えば遠くへ来たもんだ」と書かれています。この表現を主体性の観点から分析しなさい。

アプローチ　これは，全体としてずいぶん主体性の高い表現です。いくつかのパートに分けて，どの部分に主体性が言語的に強く現れるかを調べましょう。仮に「思えば」「遠くへ」「来た」「もんだ」の4つに分けて考えてください。長距離トラックのフロントガラスという情報も重要です。が，ここでは言語表現に絞りましょう。

解答と解説　◎**現場を体験する**──このステッカーは強く郷愁を誘いませんか。一言で言えば，主体性の高い表現は，読者・聞き手を表現の現場に立たせる力があります。そして，表現者と一体になってその場の情景を（追）体験するような気分にさせてくれます。

まず「思えば」。これは，主体性がとても高い表現です。どこにその言語的な仕掛けがありますか。「思えば」とは誰が「思えば」なのか。何かを思うなら，それを思う主体が存在しなければなりません。「我思うゆえに我あり」を思い出してください。当然「私が思えば」なのに，その「私が」が消されている点が主体的なので

す。ひとつ前の問題の（d）の例を見返してください。

「私が」が消えているので，読み手・聞き手はスーッと表現主体と自らを重ね合わせられます。現場の空気を吸って，情景を共有できる──。

次に「遠くへ」も主体的な表現です。これだけでは，どこが出発点なのかわかりません。出発点はドライバーに尋ねないとわからないけれど，ドライバーと一体になれば，それはわかりきったこと。あえて言語化する必要はない。

次の「来た」は「行く」と共に，発言主体（の位置）を抜きには意味が定まらない表現です。「来た」は，発言者に近づく方向を表します。また，この表現も「思えば」と同じく，「私が来た」の「私が」が落ちています。読者・聞き手は，この主体性を高める表現手段によって，表現者と自分を一体化できます。

最後に，「もんだ」は「ものだ」の口語表現です。「ものだ」自体がすでに口語的なのに，「もんだ」によって一層身近な表現になります。一般に，口語は文語よりも主体的だと言えないでしょうか。それを別にしても，「ものだ」は「感動・詠嘆を表す」（『明鏡』）ので，主体性が高い表現です。認識の現場に密着した表現でしょう。

このステッカーは，全体としてきわめて主体性が高い表現になっています。感情移入はむずかしくありません。

◎二重の共感──もうひとつ考えておくべきことは，このステッカーの表現が正確にはドライバーによらない点です。まず，ドライバーがこのステッカーを買うときに，そこに書かれた表現と自分の経験を重ねあわせて感じるものがあったのでしょう。次に，それに接する私たちが，ドライバーの気持ちと共感するのです。

主体的な表現は，主体的でない表現と比べると，その表現価値がよくわかります。たとえば，ステッカーのコピーと「私が出発点の北九州からの走行距離をチェックすると，1,200キロメートルでした」とを比較してください。これでは郷愁に浸ることなどできないでしょう。

✓ **主体的な表現には言語的な仕掛けがある**

と考えて，その仕掛けをさらに検討しましょう。

主体性（類題）

主体性の観点から，宮崎アニメ『となりのトトロ』のタイトルの魅力を明らかにしなさい。

アプローチ　「となり」は関係を表す概念なので，つねに「(…の) となり」を意味します。誰の「となり」なのでしょうか。

解答と解説　◎関係概念とは──まず概念とは，頭に浮かぶ意味のまとまりだと考えましょう。この意味での概念は，大きく分けて2種類あります。**もの**と**関係**です。

〈もの〉は，時計やビルのように自立性が高く，品詞的には名詞の多くに当てはまります。〈関係〉は，「殴る」や「愛する」のように，それ自体としての自立性が低く，むしろ〈もの〉と〈もの〉を関係づける働きをします。「愛する」は，誰かが誰かを愛するという関係でしょう。「愛する」は**関係**，その関係の中に入る人はも

のです。

ところが、名詞の中にも関係を表すものがあります。「父」はものに加えて、関係も表すと述べました（☞2節基本4）。「父」は、必然的に「…の父」でなければなりません。問題の「となり」も関係を表す概念です。「AのとなりのB」というように、AとBとを関係づける働きをします。

◎「となり」の〈解釈〉──いま「AのとなりのB」のBはトトロです。「となりのトトロ」を「（Aの）となりのトトロ」と考えると、Aは一体誰だと解釈されますか。自然な受けとめ方のひとつは、Aを「私」と理解することですね。子どもは、この考えに誘導されてトトロに引き寄せられるでしょう。大人もこの解釈が基本かもしれません。

もちろん、アニメを見た人は、（実際に）トトロと出会ったサツキやメイをAだと見なすこともできます。すると、「となりのトトロ」は「（サツキとメイの）となりのトトロ」を意味します。しかし、ここからさらに、視聴者は、サツキとメイに〈共感〉して限りなく彼女らのそばに自らを位置づけて、「（サツキとメイのような私の）となりのトトロ」「（サツキとメイと一体になった私の）となりのトトロ」と解釈するのではないでしょうか。

ただ、大人の場合は、他者の心の中にもその人の視点から見た「私」がいることを知っています。その結果、大人の話し手は、いわば、「私」を一般化して、「それを望むどの人のとなりにもいるトトロ」と理解して、それを子どもに説明してあげることもできるでしょう。また、「となり」を「となり町」と想像することも不可能ではありません。このように解釈が膨らむというのは、アニメのタイトルとして実に効果的です。

◎**主体的な表現**──次の3つの表現を比較しましょう。

（a）サツキのとなりのトトロ

（b）私のとなりのトトロ

（c）となりのトトロ

（a）は、いわば、スクリーン上のサツキとトトロを認識主体が客席から眺めるような表現です。もちろん、認識主体はサツキにうんと引き寄せられることがあります。究極的には、サツキ＝私となって、（b）と区別できなくなるでしょう。（b）は、客席の認識主体の分身である「私」がスクリーン上に登場します。分身でない「私」は客席にとどまります。サツキ＝「私」と解釈した（a）と「私」が表面化した（b）には、認識上の大きな差がないのではないでしょうか。

（c）の解釈には揺れが生じます。ひとつは、（c）を（a）のように理解できるでしょう。このとき認識主体（＝表現主体）は、上でも述べたように、サツキに共感してその内面から（c）を解釈することになります。主体性がいっきに高まります。

もうひとつの理解の経路は、（c）を（b）のように考えることです。このとき認識主体はスクリーン上の私と主客合一の瞬間を迎えることになります。もちろん、もっとも主体性の高い解釈となります。

現象文（基本3）

「あっ、雪」の表現を主体性の観点から説明しなさい。

アプローチ　「あっ，雪だ」「あっ，雪が降っている」なども同じ表現型に属します。どのような特徴がありますか。

解答と解説　◎**現象文とは**――認識の現場で，いままさに気づいた状況をことばに託した表現を**現象文**と呼びます。「あっ，雪だ」は，雪が降り始めた瞬間あるいは雪が降っていることにいまその場で気づいたときに発するものでしょう。（☞6章3節基本4）

「あっ，雪が降っている」なら，本当はしばらく前から降っていたとしても，いま初めてそれと気づいた感じを伝える表現となります。この時の「が」は，とくに「雪」のみを取り出して，たとえば「(雨ではなくて) 雪が降っている」ということをマークするのではありません。つまり，「降っているのは (雨ではなくて) 雪だ」を意味するのではなく，雪の降る状況を丸ごと新しい認識としてとらえたことを表します。まさに**リングサイド効果**が発揮される表現です。

◎**現象文と主体性**――現象文が主体性の高い表現であることは疑う余地がありません。「火事だ！」もこの仲間です。この表現は，まさに目の前の現象そのもの (そして，現象そのもののみ) を述べた表現です。きわめて現場密着的な表現だと言えるでしょう。このようなときは英語も同じで，"Fire!" と言うのみ。

ためしに「火事だ！」に主格を補ってください。たとえば，「二階が火事だ」「台所が火事だ」などは，程度の差こそあれ，すでに現場から一歩退いた報告文となります。

もうひとつ例を挙げましょう。あるレストランで2人が食事をしています。ここのウニのパスタは絶品です。口をついて出るのは「おいしいね」でしょう。これだけで十分なのです。これが主体性の高い表現であることはすぐに理解できるでしょう。

主体性と視点（基本4）

童謡「汽車ポッポ」の歌詞（1番）の後半に次の場面があります。どのような情景を歌ったものであり，主体性の観点からはどのような特徴が見られますか。

♪畑も飛ぶ飛ぶ　家も飛ぶ
　走れ　走れ　走れ
　鉄橋だ　鉄橋だ　楽しいな♪

アプローチ　まず注目すべき箇所は「畑も飛ぶ飛ぶ　家も飛ぶ」です。次に「鉄橋だ　鉄橋だ」が描く情景にも注意しなさい。

解答と解説　◎**臨場する視点**――ぐんぐん走る汽車に乗っている子どもが，窓外の景色の移り変わりを楽しんでいる情景を描いたものです。実際には，言うまでもなく，列車が野原を駆け抜けてやがて鉄橋を渡ります。しかし，歌詞の描く世界では，列車の子どもの視点は固定されていて，窓の外の景色がどんどん後方に動いていく。

これはきわめて主体的な表現だと言えるでしょう。「畑も飛ぶ飛ぶ　家も飛ぶ」は，畑も家も列車の後方にすばやく移動するように見える様を伝えます。「鉄橋だ　鉄橋だ」も，子どもの視点から鉄橋がどんどん近づき，いままさにそこを渡る瞬間の喜びを描いたものでしょう。

第1章 ことばの〈解釈〉, 世界の〈解釈〉

歌詞のそれぞれの場面は、つねに〈いま・ここ・私〉の視点から刻々と移り変わる情景を表し、窓外の景色の変化を列車に乗っている子ども（あるいはそれを想像して歌う子ども）の目線から描いたものです。

このような視点を**臨場する視点**と呼びましょう。その特徴は、〈いま・ここ・私〉が現場のパースペクティブ（遠近法）の原点を占め、そこから見た情景の変化（あるいはその持続の様）を刻々ととらえる点にあります。その知覚・認識がことばに託されると、きわめて主体性が高い表現が生まれます。

◎〈いま・ここ・私〉の視点——〈いま・ここ・私〉は、突きつめるとどうなるでしょうか。究極的には〈私〉に集約されると考えていいでしょう。日常生活では、〈私〉はつねに〈いまここにいる私〉だからです。ですから〈いま・ここ・私〉の視点とは、とくに断りのない限り、**私の視点**と言っていいでしょう。

✓ 臨場する視点＝私の視点

では、「僕らを乗せて」しゅっぽしゅっぽと走る列車の〈僕らの視点〉と上の〈私の視点〉との関係は、どうなっているのでしょうか。〈私〉は登場人物である「僕ら」に〈共感〉することによって、あるいは「僕ら」と〈同化〉することによって、両者の視点はほとんどあるいは完全に重なり合います。

◎〈私の視点〉は日本的か——「汽車ぽっぽ」の童謡に見られる主体化は、この歌に限られたものではありません。類例をよく検討してみると、かなり日本（語）的な視点の取り方であることがわかるでしょう。応用問題では、とくに英語との比較でこの点を確かめていきます。

主体性と視点（類題）

主体性の認識として駅のホームの一場面が考えられます。あなたがA列車に乗っていて、同じプラットホームの向かい側にB列車が停車しています。A列車が動いたのにB列車が動き出したと錯覚する、あるいはこの逆の錯覚をすることがあります。これを主体性の観点から説明しなさい。

アプローチ 実際に動くのがA列車の場合とB列車の場合に分けて考えましょう。

解答と解説 ◎実際にA列車が動く場合——あなたが乗るA列車が左に動いたのに、B列車が右に動いたように感じることがあります。これはあなたが列車の座席に座っているとき、自分の視座は固定している（列車はまだ駅のホームに停まっている）と思い込むことによって生じる主体的認識に基づく錯覚です。

B列車は駅に停まっていてあなたのA列車が動いたと認識するには、B列車のほかに、通常動くことのないホームの柱やベンチなどもパースペクティブに入っている必要があります。（いまは加速の知覚や動き出すときの揺れなどは無視します。）

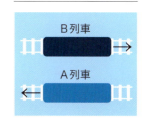

図7　列車の動きと錯覚

◎**実際にＢ列車が動く場合**——逆に，Ｂ列車が右に動いたのに，あなたのＡ列車が左に動いたように錯覚することがあります。この錯覚が解消されるためには，あなたのＡ列車がホームの柱やベンチと一体になっている，つまりＡ列車がほかの動かない地模様の一部であるという認識が成立する必要があります。

これは，単なる図と地の反転認識にとどまりません。この場合であれば，地の一部のＡ列車の中に認識主体の視点がはまり込んでいるからです。ですから，主体性の問題が絡んでくるのです。

この錯覚の構図（あなたは実際には動いていないのに動くように感じられる）は，たとえば，パイロットの地上での操縦訓練などにも応用されます。あるいは列車の運転士の訓練（やビデオゲーム）にも利用されます。あなたが座る席は固定されていて，前方および左右の光景が映像的にあなたの機器操作に応じて流れる仕組みです。その中で，自分が本当に前方に動くように感じられたとき，その程度に応じて，主体的な認識が成立すると言えるでしょう。

✓ **主体的認識はことばなしでも成立する**

話を戻して，あなたが乗るＡ列車がホームやベンチと一体となって動いていないという認識が成立するときは，Ｂ列車が動き出したことを見誤ることはありません。

▶ Review ｛　｝から正しいものを選びなさい。

(1) 主体性の高い表現は｛実況中継的／事後報告的｝で｛テレビモニター的効果／リングサイド効果｝をもたらします。主体性は程度を｛含む／含まない｝概念なので二分法で分割でき｛ます／ません｝。

(2) 時計は｛もの／関係｝を表す概念であり，母や息子は｛もの／関係｝を表す概念です。また，一般に動詞や形容詞は｛もの／関係｝を表す概念です。

(3) 認識の現場でいままさに気づいた状況を表す表現を｛存在文／現象文｝と呼びます。

◆演習Ａ

(1) 優れた報道写真は人を強く引きつけます。これを主体性の用語を使って説明しなさい。

(2) 現象文（基本３）の説明で「おいしいね」が主体性の高い表現であると判断したのはなぜですか。

◆演習Ｂ

(1) 童謡「チューリップ」の一節「♪さいた　さいた　チューリップの花が　ならんだ　ならんだ　あかしろきいろ♪」を主体性の観点から説明しなさい。

(2) 童謡「汽車」の次の歌詞には主体性のどのような特徴が現れていますか。

　　　♪今は山中　今は浜
　　　　今は鉄橋　渡るぞと
　　　　思う間も無く　トンネルの
　　　　闇を通って　広野原（ひろのはら）♪

第1章……ことばの〈解釈〉，世界の〈解釈〉

視点と主体性（応用1）

川端康成の『雪国』の冒頭「国境の長いトンネルを抜けると雪国であった」の英訳を次に3種示します。視点と主体性の観点からそれぞれの英訳を評価しなさい。

(a) The train came out of the long tunnel into the snow country.

(b) Beyond the long border tunnel lay snow country.

(c) The train passed through the long border tunnel into the snow country.

アプローチ　先に述べたように，この小説は，島村を主人公とする3人称小説です。この点に注意しましょう。

解答　(a) の特徴は，動詞に came を使う点です。これによっていわばカメラ位置がトンネルの外に固定されます。つまり，列車が出てくるのをトンネルの外側から待ち構える構図となります。(a) は，視点の取り方という点では，原文とはかなり趣の異なる訳であることを否定できません。

✓ **視点は主体性を表す重要な手段である**

(b) は，表現を切り詰めた簡潔な訳です。倒置文になっていて，snow country をコンテクストに導入します。ただし，必ずしも主人公の島村の視点から情景の著しい変化をとらえているとは言えません。つまり，地の文として単なる地理的な解説をしている感じがします。動きが感じられず静的なものの配置を述べるにすぎません。

主人公の島村の視線に寄り添った感じをもう少し出すには，訳に動きを加えたいところ。(c) は，(a) と (b) の難点をカバーしようとするものです。これなら，島村の視点を列車と一体化させて，その視点をトンネル内に維持しながら雪国に入る様子がなんとか描きだせるかもしれません。

解説　◎視点──(a) は，日本文学の翻訳者として有名なサイデンステッカーによる翻訳です。(b) は，トム・ガリーによる訳例のひとつ（もっとも字数が少ないもの）です（『英語のあや』）。(c) は，筆者（瀬戸）による試訳です。

原文がきわめて主体的な表現であるということを思い出してください。「抜ける」は，主人公である島村の感覚であり，「雪国であった」というのも島村の感覚的判断です。「雪国であった」は，上で述べた現象文に近いと考えていいでしょう。目の前の情景を体験的に描写したものです。

ただし，(c) が原文を忠実に写し取っているとはまだ言えません。原文に一歩近づくが，実際のところ，もう少し島村に寄り添った動きがほしい。そこで，次の (d) を見ましょう。これも筆者の試訳です。

(d) Passing through the long tunnel the train entered the snow country.

原文では「トンネルを抜けると」の主語が明示されていません。これ自体が主体的な表現であることはすでに確認済みです。あえて主語を示せばどうなるでしょうか。列車でしょうか島村でしょうか。あるいは島村を乗せた列車でしょうか。原文に初めて接する読者は，漠然と「私（の乗っている列車）」を主語として想定しないでしょうか。その「私」の視線がまもなく主人公の島村の視線と重なる，という仕掛けで

47

す。

原文の主語の欠如は曖昧性を伴いながら，読者をトンネル内に誘導する効果があるでしょう。とすると，英語でも主語を明示しない (d) の Passing through the long tunnel という分詞構文がよりぴったりくるかもしれません。ただし，主節の主語の the train は英語では必須です。

◎**冠詞**——小さな問題があります。(b) の snow country には the が付いていません。他の例には the が付いています。the がないと漠然とした広がりになってしまうので，ここは物語の舞台となる新潟県の特定の地方を導入する意味で，the snow country とするのがいいでしょう。ただし，サイデンステッカーのタイトルは *Snow Country* です。

◎**国境**——「くにざかい」と読まれます。日本はしばしば山が国境となるが，たとえば，アメリカでは州境や国境(こっきょう)も平地であることが多いでしょう。border tunnel（国境のトンネル）という表現は，英語ではふつうピンときません。(a) と (d) では border が省かれています。

時制と主体性（応用２）

志賀直哉の「城の崎にて」は，「山の手線の電車に跳飛ばされて怪我をした，その後養生に，一人で但馬の城崎温泉へ出掛けた」で始まります。少し進んで次の一節があります。

(a) 自分の部屋は二階で，隣のない，割に静かな座敷だった。読み書きに疲れるとよく縁の椅子に出た。脇が玄関の屋根で，それが家へ接続する所が羽目(はめ)になっている。その羽目の中に蜂の巣があるらしい。

この引用 (a) と次の英訳 (b) を比べて，とくに時制の違いと主体性の関係を指摘しなさい。

(b) My room was on the second floor, with no neighbors, and relatively quiet. When I was tired of reading and writing, I would often go out to my chair on the veranda. The roof of the entranceway was to my side, joining the building at a paneled wall. Evidently there was a beehive under the panels.

アプローチ　英訳は整然と連続して過去形で表現されます。日本語はそうではありません。どのような違いがあると感じられますか。

解答　◎「た」と時制——日本語の「た」が必ずしも過去をしるすものではないことはよく知られています。しかし，過去のマーカーとして用いられることも否定できません。

日本語の原文は，「だった」「出た」「いる」「らしい」というように，単純に二分法で示せば，過去，過去，現在，現在というように時制が混在します。対する英語は，きれいにすべて過去で統一されています。英語の時制の常識（小説はふつうすべて過去形をストーリーラインとする）からすれば，日本語はかなり自由だとわかります。

◎**過去における現在**——原文の現在形は，いわば〈過去における現在〉を表します。そのときの登場人物の内面に入って，その場で見たまま

感じたままを体験的に語る用法です。英語にはこのような手段がないのかと問えば，あることはあります。が，日本語のように時間をこれほどやすやすと往来することはできないようです。日本語の〈過去における現在〉は，状況を主体的に表現するきわめて有用な手段だと考えられます。

解説 ◎２つの英訳── (b) は，マーク・ピーターセンによるものです（『英語で発見した日本の文学』）。もうひとつ，サイデンステッカー訳を見てください。

> (c) My room was on the second floor, a rather quiet room with no neighbors. Often when I was tired I would go out and sit on the veranda. The roof of the entranceway was to one side below me, and it joined the main building at a boarded wall. There seemed to be a beehive under the boards.

やはり一貫して過去形で書かれていることがわかります。

✓ 時制は主体性を表す重要な手段

英訳を原文と比べて，もうひとつ気づくことがあります。「読み書きに疲れるとよく縁の椅子に出た」の箇所です。ここは，「た」でマークされます。でも誰が「読み書きに疲れる」のか，誰が「縁の椅子に出た」のかが明示されていません。２つの英訳と比べてください。これも日本語の著しい特徴です。登場人物の内面からあるいはその人物に寄り添って状況の展開を描写するとき，いちいち誰がそれをしたのかを書く必要がないからです。日本語は，英語と比べるとずいぶん主体的な表現を日常的に好む言語だと言えるでしょう。

話法と主体性（応用３）

次の一節は，Roald Dahl の *Charlie and the Chocolate Factory*（『チャーリーとチョコレート工場』）からのものです。お腹をすかせて痩せ細ったチャーリーは，ある雪の日に歩道と車道の間に半ば雪に埋もれた１ドル紙幣を偶然見つけます。半信半疑で腰をかがめて確かめようとしますが，通りを急ぐ人は誰もチャーリーに見向きもしません。まわりでお金を探す人もいません。

> ... none of them was taking the slightest notice of the small boy crouching in the gutter.
>
> Then was it *his*, this dollar?
>
> Could he *have* it?
>
> Carefully, Charlie pulled it out from under the snow. It was damp and dirty, but otherwise perfect.
>
> *A WHOLE dollar!*

【語句】take notice of 〜に気づく　the slightest ごくわずかな（…もない）　crouch しゃがむ　gutter 溝　otherwise その他の点では

上の引用の Then was it *his*, this dollar? と Could he *have* it? と *A WHOLE dollar!* は，その前後の文とどのように関係するでしょうか。この物語は，チャーリーを主人公とする3人称小説です。

アプローチ 話法の問題です。4つの話法を区別しましょう。直接話法，間接話法，自由間接話法，自由直接話法の4つです。

【試訳】……誰も小さな男の子が道端でしゃがんでいるのにまったく気にとめなかった。

じゃあこの1ドルは彼のものだろうか。

彼はそれをもらってもいいのだろうか。

チャーリーは慎重にそれを雪の下から引き抜いた。湿って汚れていたが，それ以外は完璧だった。

まるまる1ドルだ！

解答 ◎**訳は適切か**――「じゃあこの1ドルは彼のものだろうか」と「彼はそれをもらってもいいのだろうか」は，出だしの「誰も小さな男の子が…」と連続する地の文（語り手による語り）ではありません。チャーリーの内面の声です。より適切には「じゃあこの1ドルは僕のものだろうか」と「僕はこれをもらってもいいのだろうか」とそれぞれ訳せます。このような話法を自由間接話法と言います。最後の「まるまる1ドルだ！」もこの例です。

◎**4つの話法**――英語には4つの話法が区別されます。

直接話法 (direct speech)

間接話法 (indirect speech)

自由間接話法 (free indirect speech)

自由直接話法 (free direct speech)

の4つです。自由間接話法は**描出話法** (represented speech) とも呼ばれます。問題の部分は，一見したところ地の文の中に紛れ込んだ形です。しかし，これは登場人物の内面の声を伝える自由間接話法です。

自由間接話法が地の文と紛れそうになるのは，代名詞と時制の両方が地の文と同じ形になるからです。つまり，チャーリーの内面の声であるにもかかわらず，代名詞は（my ではなく） *his* と（I ではなく） *he* であり，時制は（is ではなく） *was* と（Can ではなく） *Could* であるからです。

◎**話法と主体性**――地の文がチャーリーから距離を置いた表現であるのに対して，そこに溶け込むように配置された自由間接話法は，チャーリーの内面の声に肉薄する主体的な表現です。映画で言えば，ロングショット（あるいはミドルショット）からいきなりチャーリーの視線に切り替わったような印象を受けます。

英語では，日本語のように自由に主語を省いたり，時制の軸を自由に動かしたりするのはむずかしいが，なおかつ主体性を表す手段がいくつかあります。自由間接話法はその一例として近年よく使われるようになりました。

解説 ◎**4つの話法の比較**――引用の Could he *have* it? を4つの話法で書き分けましょう。

(a) Charlie thought, "Can I *have* this?"（直接話法）

(b) Charlie thought whether he could *have* it.（間接話法）

(c) Could he *have* it?（自由間接話法）

(d) Can I *have* this?（自由直接話法）

(c) と (d) は，いずれも地の文の中に流し込まれます。ただし，改行や強調（イタリック体の使用など）や，登場人物の視線を反映させる用語（上例では *this* dollar の *this* はチャーリーの視線であることを伝えます）などの手が

かりがあって，しばしばまわりの地の文とは異なることが暗示されます。

✓ 話法は主体性を表す重要な手段である

　(c)の自由間接話法が登場人物の内面に肉薄するものならば，(d)の自由直接話法は，登場人物の内面に直接飛び込みます。(d)が(a)の直接引用部と同じ形であることに注意してください。しかし，その反面，あまりにもあからさまな表現法であるために，かえって面白味が消される恐れがあります。実際，(d)は地の文としてはそれほど頻繁に用いられません。今後はより頻度の高い(c)に注目しましょう。

▶ Review　(　)に適切な語句を補充しなさい。

(1) 主体性が関係する表現手段として，(　　)，(　　)，(　　)があることを確かめました。

(2) 英語の話法には(　　)，(　　)，(　　)，(　　)の4種類があります。この中で主体性との関係でとくに注意すべきものは，(　　)です。

◆演習A

(1)『雪国』の冒頭「国境の長いトンネルを抜けると雪国であった」に続く文は「夜の底が白くなった」です。この「夜の底が白くなった」とはどういう意味でしょうか。サイデンステッカー訳は "The earth lay white under the night sky." です。これを参考にして答えなさい。

(2) 次の一節は，ヘミングウェイの短編小説「殺し屋」("The Killers")の冒頭です。視点の位置に注意して日本語に訳し，視点の違いを検討しなさい。

　　The door of Henry's lunchroom opened and two men came in. They sat down at the counter.
　　"What's yours?" George asked them.
　　【語句】lunchroom 食堂　What's yours? ご注文は？

◆演習B

(1) 応用3のすぐあと，チャーリーは手にした1ドル紙幣を握りしめてチョコレートを買いに行きます。1枚10セントの板チョコをがぶがぶと食べて，釣り銭の90セントを受け取ろうとカウンターに手を伸ばします。次の一節の中に自由間接話法を探しなさい。

　　He reached out a hand to take the change. Then he paused. His eyes were just above the level of the counter. They were staring at the little silver coins lying there. The coins were all dimes. There were nine of them altogether. Surely it wouldn't matter if he spent just one more ....

　　【語句】reach out a hand 手を伸ばす　the change 釣り銭　pause 手を止める　the level of the counter（店の）カウンターの高さ　They=His eyes　stare at じっと見つめる　lying there そこに置いてある　dime 10セント硬貨　altogether 合わせて　surely きっと　matter 問題になる

just one more もう1枚だけ

(2) 上の問題の自由間接話法の部分を直接話法，間接話法，自由直接話法に書き換えなさい。

倒置と主体性（発展１）

次の文には主体的倒置の仕組みが見られます。(b) と (c) は (a) と少し種類が異なります。それぞれの特徴を指摘しなさい。

(a) *Inside a glass case was a white gold watch covered with diamonds.*
（ガラスケースの中にはダイヤをちりばめたホワイトゴールドの腕時計があった）

(b) *Down came the rain* in torrents.（どっと雨が降ってきた）

(c) Then a mighty storm blew open my door, and *in flew a dove*.
（そして暴風で家の戸がばっと開いてハトが飛び込んできた）

【語句】rain in torrents 土砂降りの雨　mighty 激しい　blow open 吹いて開く　fly 飛ぶ
dove ハト

アプローチ　(a) は，普通の語順にすれば，A white gold watch covered with diamonds was inside a glass case. となります。倒置文との認識的な違いはどこにあるでしょうか。(b) の Down と (c) の in は，(a) の Inside a glass case と意味役割上どのように異なりますか。

解答　倒置文にはいくつかの種類があります。そのひとつ，場所句（(a) の場合は Inside a glass case）を文頭に置く倒置文は，次に存在を表す動詞が続き，その後に存在するもの（主語）を導入します。

✓ **場所＋存在動詞＋主語**

主語が不定冠詞の a を伴うことに注意しましょう。不定冠詞は，一般に**新情報**（new information）（☞6章3節）を話に導入する場合に使われます。(a) の倒置文は，知覚の順序を反映した主体性の高い表現で，ガラスケースの内側を覗く→何かがある→高級腕時計だ，という知覚の流れを表します。倒置文は，この認識の順序をほぼ忠実に再現して，クローズアップ効果も感じられるでしょう。

(b) Down と (c) in は，場所を表すのではなく方向・経路を表します。Down は「下へ，下方へ」を，in は「中に（何かがある）」ではなく「中へ（何かが移動する）」を意味します。これを一般化すると，

✓ **方向・経路＋移動動詞＋主語**

となります。

この形は主体的認識を反映したもので，まず動きそのものが感知され，次に動きの種類が特定され，最後に移動物体を同定する，という順序です。

解説　◎**文法的倒置**──英語の倒置文にはまず文法的倒置があります。代表的なものを示しましょう。

(d) *Is she* a doctor?（疑問文の倒置）

(e) Neither *can I*.（否定語句が文頭に移動すれば倒置が起こる）

(f) *Were I* a bird（if の省略による倒置）

(g) *May she* succeed!（祈願文）

これらは文法のルールに従う倒置です。

◎**存在を表す主体的倒置**——文法的倒置に対して，(a) や次の例は存在を表す**主体的倒置**です。文法的には倒置は必ずしも必要でありません。

(h) At the foot of the mountain *stood an old church*.（その山すそに古い教会があった）

これは**場所句**（At the foot of the mountain）が文頭に立って，存在の動詞が続き，最後に主語が導入される形です。知覚・認識上まっ先に感じられるものが先頭に立ちます。

(h) は，たとえば，ある古い教会をディスコースのテーマとして映像的に導入する場合にふさわしいでしょう。まずある山の全体像が映し出されます。続いてカメラが動いて山すその風景をとらえます。次にカメラがぐるっと回って教会の姿が視野に入り，その中央に据えられる，というものです。ここにも主体的な認識とその表現が感じとれるでしょう。

◎**出現を表す主体的倒置**——(b) も (c) も，いきなり何かが視野に飛び込んでくる，突然何かが知覚されるというような〈唐突さ〉を感じさせます。この点は，(c) でより明確に確認されるでしょう。嵐でいきなり戸が開いて，次の瞬間，ハトが飛び込んでくる，という状況だからです。最初は何が入ってきたのかよくわからないが，何かが闖入してきたことだけはすぐに認識されます。この知覚・認識を，可能な限り文法のルールに従って表現したのが (c) の倒置文です。これを ... and a dove flew in と表現したのでは，最初からハトだと認知されることになり，唐突さやスピード感が出なくなるでしょう。現場のリアルな感覚をより正確にとらえるには，主体性の高い倒置文が必要となります。これも文法的には強制されません。

◎**周辺視と中心視**——私たちの視覚認識は一様ではありません。目の周辺部は，ものの動きに敏感である一方で，ものの同定には不向きです。逆に，目の中心の働きは，ものの動きにそれほど敏感でなくても，ものを正確にとらえる力が優れています。互いの長所を生かすにはどうすればいいでしょうか。

目の周辺でちらちらするものがあれば，そちらにさっと視線を向けるか，それで足りなければ振り向きます。**中心視**でものをとらえて同定するためです。上記の倒置文は，この生理的仕組（**周辺視**で動きをとらえて，中心視で同定する）と連動すると言えるでしょう。

「あなた」でない you（発展２）

次に示すのは，Suzzane Vega の *Luka* というタイトルの歌詞です。Luka は，男の子で家庭内でおそらく親から虐待を受けています。第４連（They only hit until you cry から始まる）で，いきなり主語が I から you に変わります。しかし，この you は「あなた」ではありません。どう考えるべきでしょうか。

My name is Luka
I live on the second floor
I live upstairs from you

Yes I think you've seen me before

If you hear something late at night
Some kind of trouble, some kind of fight
Just don't ask me what it was
Just don't ask me what it was
Just don't ask me what it was

I think it's because I'm clumsy
I try not to talk too loud
Maybe it's because I'm crazy
I try not to act too proud

They only hit until you cry
After that you don't ask why
You just don't argue anymore
You just don't argue anymore
You just don't argue anymore

Words & Music by Suzanne Vega
©1987 WAIFERSONGS LTD.
All rights reserved. Used by permission.
Print rights for Japan administered by YAMAHA MUSIC PUBLISHING, INC.

【語句】on the second floor 2階に　upstairs from you（集合住宅で）きみの上の階に（この you は「きみ，つまり歌いかける階下の住人」を指す）　Some kind of trouble ちょっとした騒ぎ　fight けんか　it 昨晩の物音　what it was 何だったの　clumsy ドジな，要領の悪い　not to talk too loud あまり大声を出さないように　crazy 頭がいかれている　not to act too proud あまり生意気な態度をとらないように

【試訳】ぼくの名前はルカ／2階に住んでる／ひとつ上の階に／そう，顔を見たことあるよね
夜遅くになにか聞こえたら／騒ぎとかけんかとかが／なんだったのって聞かないで／なんだったのって聞かないで／なんだったのって聞かないで
ぼくがドジだからだと思う／大声出さないようにしている／頭が悪いからかもしれない／偉そうにしないようにしている
泣くまでぶたれるんだ／後で理由をたずねちゃいけない／口答えはだめなんだ／口答えはだめなんだ／口答えはだめなんだ

アプローチ　第4連からのyouは，指示的にはほとんどIに近い。それでもIそのものでもありません。また，第4連の時制にも注意しましょう。

解答　第4連のyouは，第1連のyouとは異なります。第1連のyouは階下の住人で，たぶん天井の音に不審を抱いているかもしれない人です。この人に向かって歌われています。これに対して，第4連のyouは，親から虐待を受ける「自分」を指すとまっ先に考えるべきです。問題は，なぜIではなくyouなのかという点です。

このyouは，広い意味では**一般化のyou**と呼んでいいでしょう。ただし，一般化のyouには2つの用法があり，①〈ふつうに一般論を述べる用法〉と，②〈「私」を一般化して述べる用法〉です。ここでは②の用法が使われています。

②では，Iがyouに変化します。ここには，自分に起こること，自分が経験することが，似たような状況では誰にだって起こるんだ，「君」にだって起こることなんだよ，と相手に**共感**を求める気持ちが働きます。②の用法は，①の用法（一般論）に私的な共感願望を加味したものだと言えるでしょう。言い換えれば，内心の気持ちをyouに託して語る用法だと考えられます。

解説　◎一般論と時制——第1連には現在完了形があり，第2連には過去形が現れます。これに対して，第4連は現在形で統一されています。この現在形は，一般論を述べるのにもっとも適した時制です。第4連は，主体的な表白を伝えつつ，それを歌い手ひとりのこととしないで，階下の住人へ，そして最終的には視聴者一般にまで共感を求める形に結晶させます。

◎**主語・目的語の省略**——先に，主体性の高い表現は自らの姿を消すということについて述べました（☞基本1）。そのときの例をここに繰り返します。

(a) Sally is sitting *across* the table *from* me.

(b) Sally is sitting *across* the table.

(a)には認識主体のmeがまだ表れるが，(b)ではその姿を消しています。(b)の方が主体性の高い表現だと述べました。(b)は，Sallyを「私」の真正面にとらえる構図になります。

では，次の文を比較しましょう。

(c) They just hit me until I cry.

(d) They just hit until I cry.

(e) *They just hit until cry.

(f) They just hit until you cry.

実際の歌詞の一部は(f)です。あえてそこに至る過程を復元したものが(c)と(d)です。まず，(c)と(d)では，どちらが主体性の高い表現でしょうか。(d)です。その理由は？(d)では(c)のmeが消えているからです。この現象は，認識的には，(a)から from me が消えて(b)になったのとほとんど同じ仕組みです。ただ，(d)では，hitの文脈上自明の目的語であるmeが消されました。

(e)は，(d)のuntil節からさらに主語のIが省略されたものです。英語では，この省略は文法的に許されません。しかし，もし許されたとするならば，(e)は最大限に主体的な表現となったでしょう。実は，日本語はこのパタンを許すのです。試訳の「泣くまでぶたれるんだ」をよく見てください。「泣くまで」の主語がないでしょう。

英語は，一般に主語の省略を許しません。とくに従属節中の主語は省略できません。この厳しい制限を補う手段として(f)がある，との見方に一理あると思いませんか。つまり，(f)は，主語のIを消しながら，なおかつ主語をしっかり保っているのです。

では，さらに，なぜその主語がhe, she,

theyなどではないのでしょうか。それは，youが対話者だからです。youが，「私」以外で「私」にもっとも近く，もっとも共感を求めやすい相手だからです。(f) は，youにIの思いを託して述べる発話だと言えるでしょう。

と見れば，(f) のyouは，たんに (e) の欠落を補うだけでなく，共感の輪を広げる媒介役を果たしてくれます。この点で，英語のyouが単複同形なのは幸運です。対話者としての「あなた」から「あなたたち」へ，さらに人一般にまで広がる可能性を内在させるからです。②の用法は，①の用法にも通じると考えていいでしょう。

◎**一般論のyou** —— 一般論のyouに関しては，①〈ふつうに一般論を述べる用法〉と，②〈「私」を一般化して述べる用法〉を区別しました。実際には，このほかにもいろいろと考慮し

なければならないことがあるが，ここでは①の用法を確認しておくにとどめましょう。

　(g) You cannot live by bread alone.
　　（パンだけでは生きられない）

上例は，あえて主語を補えば「人はパンだけでは生きられない」となることからわかるように，この主語のYouは「総称のyou」と一般に呼ばれるものです。また，カテゴリー一般がそうであるように，一般論のyouを①と②に完全に切り分けることはできません。微妙な中間的な用法が存在します。日ごろあまり目が向かない分野であるかもしれないので，今後さらに探究に値するテーマです。

②の用法に関して，一言だけ付け加えれば，この種の用法は，話し手（私）の感情が高まった段階で現れやすいようです。この点でも，①と一応区別しておくのがいいでしょう。

主体的移動（発展3）

次の例は，主体的移動を表すと考えられます。主体性の問題がここにどのように関係するのかを，対応する日本語の訳とともに考えなさい。

　(a) The expressway *runs* from Tokyo to Nagoya.
　(b) The mountain range *runs* from north to south.

【語句】expressway 高速道路　mountain range 山脈

アプローチ　実際には何が「走る」のかを中心に考えましょう。(a) は「その高速道路は東京から名古屋まで走っている」，(b) は「その山脈は南北に走っている」を意味します。

解答　(a) と (b) の日本語訳は上に示したとおりです。英語も日本語も，実際にrun（走る）するのは視線だと考えるのがいいでしょう。

(a) は，たまたま東名高速道路を車で走っているときに発せられることもあります。しかし，ふつうは東名高速の起点と着点を示してその経路の範囲を伝える表現です。

ここで2つの視点に注意してください。まず，(a) が from Tokyo to Nagoya であって from Nagoya to Tokyo ではないことから，(a) は東京側に視点を置いた表現です。このこと自体が主体性と密接にかかわる点であることはすでに理解できるでしょう。

ここではもうひとつの視点に注目しましょ

う。この視点は動きます。東京から名古屋に向かって東名高速道路を移動します。単なる run の比喩的用法というよりも、視線が仮想的に移動すると考えるのがいいでしょう。これはすぐれて主体的な認識です。この点で、次の文も見ましょう。

(c) 京都市は、北大路通りから京都駅に向かってゆっくりと道が下っていきます。

「ゆっくりと」という副詞は何を意味的に修飾するのでしょうか。それは、認識主体の仮想的な移動を修飾すると考えるべきでしょう。言い換えれば、視線の**主体的移動** (subjective motion) です。主体的移動を修飾しながら土地の形状も伝えます。

(b) は、現実的な移動が事実上不可能な事例です。山脈を南北に駆け抜けるには超人的な能力が必要でしょう。ここでは、より一層明確に視線の主体的移動が表現されます。

解説 ◎範囲占有経路と到達経路──主体的移動に2つの種類を区別しましょう。ひとつは (a)–(c) のような**範囲占有経路** (coverage path) と、もうひとつは次の例にみられるような**到達経路** (access path) です (☞基本1)。

(d) There is a small parking lot just *across* the street. (通りの真向かいに小さな駐車場がある)

(a)–(c) が範囲を表すのに対して、(d) は経路を表します。視点は通りのこちら側にあり、その地点をあえて明示しようとすれば、(e) のようにも表現できます。

(e) There is a small parking lot just *across* the street from here.

(d) や (e) も、視線の主体的移動を表す表現であり、(d) の副詞 just もその意味をサポートします。街路なら移動距離はわずかでも、砂漠や湖の向こう側なら、just の位置に距離や時間の表現が生じることが可能です。

(f) There is a small town a few miles *across* the river. (川向うから2, 3マイルのところに小さな町がある)

(g) The airfield is two hours *across* the lake by boat or one hour by road *through* the game park. (その飛行場は船で湖を渡って2時間、または車で動物保護区を縦断して1時間のところにある)

(f) は移動距離を示し、(g) は移動経路のほかに、移動手段と移動時間を表現します。

◎「走る」と主体的移動──日本語に敏感な人は、上の (b) の日本語訳「その山脈は南北に走っている」は、日本語として少し不安定ではないかと感じたかもしれません。「その山脈は南北に伸びている」の方が安定的かもしれません。しかし、「このあたりには活断層が東西に走っている」なら問題はないでしょう。これは、主体的移動表現としての「走る」に意味的な制限があることを示唆します。英語の run よりやや厳しそうです。

たとえば、「海岸線に沿って観光道路が走っている」は問題ありません。しかし、「*海岸線に沿って遊歩道が走っている」とは言わないでしょう。では、土管や水道管や地下鉄はどうでしょうか。電線やケーブルは? また、フェンスや壁や国境線などはどうでしょうか。事例をよく観察して考えてください。

▶ Review （ ）に適語を補いなさい。

(1) 主体的倒置には、（　　　）＋存在動詞＋主語の形式と（　　　　）＋移動動詞＋主語の形式があります。

(2) 主体的移動には，(　　) 経路 (coverage path) と (　　) 経路 (access path) の用法があります。

(3) 一般化の you には，〈ふつうに一般論を述べる you〉と〈(　　) を一般化して述べる用法〉があります。前者は「総称の you」とも呼ばれ，後者は「共感を求める you」と呼んでもいいでしょう。

◆演習 A

(1) 辞書で loom (up) の意味をよく調べて，Suddenly a mountain *loomed up* in front of them. の状況を考えなさい。ここには主体性（の認識・表現）が関係しますか。

(2) One warm summer night Sophie opened her window and *in jumped a frog*. に含まれる倒置文の存在意義を主体性の観点から明らかにしなさい。

◆演習 B

(1) There is a house now and then along the valley. を主体的移動の観点から〈解釈〉しなさい。

【語句】now and then ときどき　valley（大きな）谷間

(2) 大リーグのある名選手がインタビューで，自分の私生活でも健全なイメージがくずれないように努力していることを，次のように説明するとします。(a) と (b) の説明はどのような印象の違いを生みますか。

(a) It's important to remember that everything *I* do and say is being watched by a lot of different people. *I* have to think about what *I*'m doing, and especially how children are looking at *me*.

(b) It's important to remember that everything *you* do and say is being watched by a lot of different people. *You* have to think about what *you*'re doing, and especially how children are looking at *you*.

——ピーターセン (1999)

【大意】自分の言動がすべて多くの人に見られていることを忘れてはいけない。日ごろの行動や，とくに子どもたちにどのように見られているかを考えてないといけない。

■章末要点チェック

(　) に適語を補充し，{ } から正しいものを選びなさい。

●1節　〈解釈〉とは何か

(1) 人間は解釈する動物です。{認知主体／認知対象} として世界を〈解釈〉してことばを発し，{認知主体／認知対象} としてことばを〈解釈〉します。世界についての知識もことばについての知識も，辞書的な意味記述を超えてつねに (　　) 的な広がりを示します。私たち

の頭の中に蓄えられる概念は，私たちの{経験／遺伝子情報}に裏打ちされた豊かな内実を備えていて，個々の概念はばらばらに存在するのではなく，体系だった有機的全体を構成すると考えられます。

(2) ことばは人間のものなので，（　　　）を中心にできています。そこで，様々なレベルにおいて意味の{均一性／かたより}が生じます。たとえば，「右」と「左」のような対照的な語でさえ，意味的優劣という尺度から逃れられません。意味は{平等／不平等}を嫌うと言えます。

(3) ひとつの概念は，単独で頭の中に存在するのではありません。たとえば，「指」は{プロファイルとドメイン／プロファイルとベース}の関係によって「手」と結びついています。また，「弧」という{プロファイル／ベース}は「円」を{プロファイル／ベース}として，「円」は「平面」または「空間」という{ベース／ドメイン}に属します。また，ある概念の理解には{フレーム／シナリオ}知識が活用されることがあり，とくに時系列に沿って展開する出来事の知識は{フレーム／シナリオ}と呼ばれることがあります。

●2節　身体とエコロジー

(1) 認知主体としての私たちは，生身の身体を環境の中に置く存在です。必然的に（　　　）的な知覚と認識が意味の基盤になります。身体各部の名称では，重要な意味を担うのは{上半身／下半身}に属する重要な器官であり，（　　　）はその筆頭格です。身体を中心とした軸では，とりわけ{前後／左右／上下}の軸が重要です。

(2) 五感を基盤とする表現は，ことばの根幹を形成します。とくに{味覚／視覚}に関わる表現は，質量ともに他を圧倒します。ゲシュタルト心理学の用語であった図と地の認識もその感覚に関係し，認知言語学の用語ではそれぞれ{tr／lm}と{tr／lm}に対応して，広範囲の事象に適応されます。また，五感の間で表現をやりとりする「大きな音」などは，（　　　）表現と呼ばれます。

(3) 語句や構文は，ふつうまわりの関連する表現の中で独自の地位を築きます。それは（　　　）地位と呼ばれます。個々の表現は，周辺の表現と意味用法的に{共同生活／住み分け}を行います。しかし，それは必ずしも厳密なものではなく，しばしば{部分的／完全}な重なりも見られます。

●3節　主体性

(1) 主体性の高い表現は，{事後報告的／実況中継的}であり，{リングサイド効果／遠近法的効果}が発揮されます。たとえば，「私の隣のAさん」と言うよりも「隣のAさん」と言う方が，主体性の{低い／高い}表現となります。なぜなら認知主体としての「私の」を表現から削除するからです。いわば，自分の{背後／目線}から直接描写する印象を与えるからです。

(2) 翻訳を通じて日英比較を行うと，一般に{日本語／英語}の方が主体的に表現されることが多いことに気づきます。これは，とくに（　　　）の省略や（　　　）の選択に現れま

す。英語の話法では，(　　　) 話法が主体性と関係してよく用いられるが，一般に主語は {保たれ／省略され}，時制は {過去／現在} に固定されます。

(3) 英語には，文法的倒置と並んで (　　　) 的倒置があり，後者は認知主体の視点を出来事の場に置いて，認識の順序を表現の順序に反映させたものです。主体性の問題は，多様な領域で観察され，たとえば，「あなた」でない (　　　) や (　　　) 移動の表現などもその例に含まれます。

◆実力問題A

(1) 「半島」がプロファイルだとすれば，そのベースは何だと考えればいいでしょうか。できるだけ正確に述べなさい。

(2) 次の各ペアの表現の仕組みの違いを，tr と lm を用いて説明しなさい。

  (a)「味噌漬け」と「わさび漬け」

  (b)「のり巻き」と「キュウリ巻き」

(3) 次の (a) と (b) では，(b) の表現が不安定です。その理由をプロファイルとベースの用語を用いて考えなさい。

  (a) the thumb of my left hand（私の左手の親指）

  (b) ?the thumb of my left arm（私の左腕の親指）

(4) スナップ写真は，その出来不出来にかかわらず，なぜしばしば当事者にとって貴重なのでしょうか。

(5) 『雪国』の冒頭「国境の長いトンネルを抜けると雪国であった。」を次の (a) – (c) のように英訳すれば，英語としてどのような印象の違いが生じるでしょうか。（☞1章3節応用1）

  (a) The train came out of the long tunnel into the snow country.

  (b) The train passed through the long tunnel into the snow country.

  (c) Passing through the long tunnel the train entered the snow country.

◆実力問題B

(1) 一般社会的通念としての「父」と「母」の意味を，次の各ドメインに照らしてまとめなさい。ただし，父母共通のドメインとどちらか一方にしか当てはまらないドメインが含まれます。（☞4章1節応用演習B (2)）

  (a) 遺伝子ドメイン　(b) 出産ドメイン　(c) 育児ドメイン　(d) 家系ドメイン

  (e) 婚姻ドメイン　(f) 責任ドメイン　(g) 権威ドメイン

(2) 英語の月曜日には blue Monday（憂鬱な月曜日），Monday feeling（＝that Monday morning feeling）（働く気のしない月曜日），Mondayish（働く気のしない，ものうい）などのマイナス評価の表現があります。なぜ月曜日がこのような意味を体現するのかを，プロファイル，ベース，ドメインの用語を用いて説明しなさい。

(3) 動詞 cause（引き起こす，～させる）は，一定の意味のかたよりを示します。〈cause＋目的語〉

の構文でこの点を確かめなさい。また，名詞 cause（原因）は，〈the cause of 〜〉の構文で類似の特徴を示すでしょうか。

(4) 次の (a) − (d) を比較して，なぜ (b) は日本語として認められず，(c) もかなり違和感があるのに，(d) は問題なく解釈できるのかを考えなさい。述語形容詞は，うれしい，かなしい，はずかしいなどのシク活用の形容詞を対象とします。

    (a) 私はテニスなんてはずかしい。
    (b) *あなたはテニスなんてはずかしい。
    (c) ?? 彼はテニスなんてはずかしい。
    (d) 周平は週に三度はこの庭園を散歩する。商売柄，どうしても運動不足になりがちなのだが，まだゴルフに凝るほどの金はないし，テニスは考えただけではずかしい（あのファッションがどうしても苦手なのだ），ボウリングなんて一人でやるもんじゃない。　　　　　　　　　　　　　　　　　　　　　　──宮部みゆき『我らが隣人の犯罪』

(5) テニスのトーナメントで優勝した選手に対する次のインタビューで，選手は自分の経験を you を主語にして語っています。その理由を考えなさい。

    レポーター：How does it feel to win Wimbledon for the first time?
    選手：Well, when *you* train hard every day for years with one goal in mind, and some days *you* are just ready to give up, and then suddenly *you* find *yourself* at the top like this, *you* feel like *you* must be dreaming.

                                                            ──ピーターセン（1999）

【語句】Wimbledon 英国，ウィンブルドンで行われる全英テニストーナメント　for the first time（経験上）はじめて　train 訓練する　with one goal in mind ひとつの目標を頭において

【大意】レポーター：ウィンブルドン初優勝のご感想は？　選手：そうですね，ひとつの目標を胸に秘めて毎日厳しい訓練を何年もやってきて，もうやめようと思ったことも何回かありました。そして，突然このように頂点に立つなんて，まるで夢のようです。

◆探究テーマ

(1) 3節発展2で〈「あなた」でない you〉を見ました。より一般的に，人称代名詞とその指示対象がずれる場合として，次の6種類の組み合わせが考えられます。それぞれの例を探し出して，その表現上の意義について考察しなさい。日本語の例のみならず，英語の例も見つけなさい。

	表現形式	指示対象		表現形式	指示対象
(a)	1人称	聞き手	(d)	2人称	第三者
(b)	1人称	第三者	(e)	3人称	話し手
(c)	2人称	話し手	(f)	3人称	聞き手

(2) 「甘い響き」(sweet sound) のような共感覚表現では，共感覚（甘い，sweet）から原感覚（響き，sound）への表現の貸与に関して，〈一方向性の仮説〉が提案されています。それを図示すると図8のようになります。

図8 〈一方向性の仮説〉

「甘い響き」では，味覚（taste）から聴覚（sound）への共感覚表現が成立します。これは，taste から sound に伸びる矢印によって確認できます。この仮説が言語事実にどれだけ基づくかを，実例の検証によって確かめなさい。

(3) 日本語には，古来の大和ことば（和語）と漢語が併存していて，近似したひとつの概念に対して和語と漢語の両方が存在することがあります。「買う」と「購入する」，「盗み」と「窃盗」などのペアがそうです。しかし，細かく見れば，響きや用法が同じであるわけではありません。では，「とき」と「時間」にどのような違いがあるかを，次の用例を参考にし，さらに多くの用例を検討してまとめなさい。

(a) もう {時間／*とき} がない

(b) {時間／*とき} がかかる

(c) うれしい {*時間／とき}

(d) {*時間／とき} と場合に応じて

(4) 次の各文は，すべてソファーの座り心地のよさについて述べたものです。直接座り心地を体験した感じをもっともよく伝える表現はどれですか。その理由も考えなさい。英語としてはすべて文法的に正しい表現です。

(a) I find the sofa comfortable.

(b) I find the sofa to be comfortable.

(c) I find that the sofa is comfortable.

(5) 次の引用の (a) は，開高健が最高級のワインの味を表現したものであり，場面はレストラン。(b) は，同じ作家が越前ガニの味を表した一節で，場面は冬の夜明け前の越前海岸です。どちらが主体性を強く感じる表現であるかを判断し，その理由をできるだけ詳しく述べなさい。

(a) いい酒だ。よく成熟している。肌理(きめ)がこまかく，すべすべしていて，くちびるや舌に羽毛のように乗ってくる。ころがしても，漉しても，砕いても，崩れるところがない。さいごに咽喉へごくりとやるときも，滴が崖をころがりおちる瞬間に見せるものをすかさず眺めようとするが，のびのびしていて，まったく乱れない。若くて，どこもかしこも張りきって，撥剌としているのに，艶やかな豊満がある。円熟しているのに清淡で爽やかである。つつましやかに微笑しつつ，ときどきそれと気づかずに奔放さを閃(ひらめ)かすようでもある。咽喉へ送って消えてしまったあとでふとそれと気がつくような展開もある。

——開高健『ロマネ・コンティ・一九三五年』

（b）やがて舟が入ってくると，ドラム罐(かん)にがんがん沸かした湯のなかへとれたてのカニをどんどんつける。とれたてのカニは妙に色の薄い，淡褐色の甲殻類であるが，一度熱湯をくぐると，あのあざやかな赤になる。それをこうコンクリ床(ゆか)にならべて仲買人のあいだで競りがはじまる。それはちょっと活力のみなぎった光景だが，あなたは一歩うしろへさがる。そして，ホカホカ湯気のたつカニの足をポキポキと折り，やにわにかぶりつく。海の果汁がいっぱいにほとばしり，顎をぬらし，胸をぬらす。ついで左手のゴロハチ茶碗に市場のオンさんから辛口の酒をたっぷり注いでもらい，チクリとする。カニをひとくちやり，酒をひとくちやる。カニはそのまま頬張るのがいちばんだが，酢につけるのもよろしいし，ショウガ醤油につけるのもよろしいよ。だけど，そのままでいいんだ。それがいちばんだ。

　［中略］

　殻をパチンと割ると，白い豊満な肉置(しし)きの長い腿があらわれる。淡赤色の霜降りになっていて，そこにほのかに甘い脂と海の冷めたい果汁がこぼれそうになっている。それをお箸でズイーッとこそぎ，むっくりおきあがってくるのをどんぶり鉢へ落す。そう。どんぶり鉢である。食べたくて食べたくてウズウズしてくるのを生ツバ呑んでこらえ，一本また一本と落していく。やがてどんぶり鉢いっぱいになる。そこですわりなおすのである。そしてお箸をいっぱいに開き，ムズとつっこみ

「アア」

　と口をあけて頬ばり

「ウン」

　といって口を閉じる。

――開高健「越前ガニ」

◆探究への道

▶ **解釈**：この概念の重要性は，ほとんどの入門書にも触れられています。テイラー・瀬戸（2008）およびそこに挙げられている文献を参照してください。Taylor（2003a）もよき友となるでしょう。

▶ **身体性**：身体的知覚・認識がことばの意味の基盤になるという見方は，認知言語学の基本テーゼです。ほとんどの入門書にも念入りな解説があります。この点を重点的に論じたものはJohnson（1987）です。そのタイトル *The Body in the Mind* は，デカルト以来の見方 the mind in the body を逆転させたものです。その後の大著 Lakoff & Johnson（1999）と合わせて読みましょう。Lakoff（1987）にも同じテーマが出てきます。身体用語の意味の広がりについては，Anderson（1978）や松本（2000）を参照。

▶ **主体性**：Langacker（1985, 1990, 1998）が基本文献だが，主体性がより広範囲に観察される日本語の分析が視野に入っていないために，全体的な見通しにやや難点があります。その点をカバーするものとして池上（2004, 2005, 2015）は必読文献であり，その参考文献は貴重です。Ikegami（2005）を補完的に読むことを薦めます。また，池上（1981, 2000）は，主体性の問題の背景を考

える上ではずせません。やや古くは，大江（1975）がこの分野の先駆けであり，中村（2004），廣瀬・長谷川（2010），論集としては澤田（編）（2011）などが続きます。この分野をさらに研究するには，主体性の概念をつねに念頭に置きながら，たとえば，Quirk *et al.* (1985) などの文法書を精読すると，きっとさまざまな発見が得られるでしょう。なお，翻訳を通じた日英比較については，サイデンステッカー・那須（1962），サイデンステッカー・安西（1983）が貴重です。また，ピーターセン（2001）の2章「『城の崎にて』を"英文解釈"する」も見逃せません。

▶ **生態的地位**：生態的地位についての具体的でもっともわかりやすい記述は，テイラー・瀬戸（2008）の最終章の最後「構文のエコロジー："Bang goes my weekend!"」に見られます。この表現は，他のいくつかの構文との密接な結びつきの中で自らの生態的地位をよく保ち，意味は「これで私の週末はパー」です。何か予期しない出来事で週末が吹っ飛ぶときに用いる表現です。この論考の続きは Taylor（2004）に見られます。合わせて読めば益するところ大でしょう。（☞ 5章実力B（2））

▶ **共感覚表現**：Ullmann（1951）には文学的な表現法としての共感覚表現に言及があるが，言語学的研究の事実上の出発点となったのは Williams（1976）です。日本では安井（1978）や山梨（1988）は，Williams（1976）の「一方向性の仮説」をおおむね受け入れて，日本語でもほぼ同じことが検証できるとしました。しかし，瀬戸（2003），瀬戸（編著）（2003）は，より広範囲の資料に基づいてその仮説に疑問を呈しました。データの範囲やその処理の仕方については，まだ決着のつかない部分が少なくなく，吉村（編）（2004），貞光（2005），楠見（2005），瀬戸ほか（2005）などの研究が続いています。外国語との対照研究もおもしろいテーマとなります。武藤（2015）は研究の新しいレベルを示します。

▶ **「あなた」でない you**：ピーターセン（1988, 1990, 1999）は，日本人の英語学習者の泣き所である冠詞, 可算名詞と不可算名詞の区別, 時制の問題などについて啓発的な記述を行っています。また，you の用法についても随所で鋭い指摘があります。この指摘も踏まえて，小森（1992）は代名詞とその指示対象とのずれのすべてをまとめてわかりやすい。古典的な論文に Bolinger（1979）があり，より新しいものに牛江（1995, 1999）などがあります。この問題の背景には，代名詞の1人称，2人称，3人称をどのように分類整理するかという問題があることも忘れないようにしましょう。この点では，池上の前掲論文や廣瀬・長谷川（2010）が有用です。

▶ **話法**：英語の話法に関心を示す人は，ある程度英語の小説を読み込むことが必要です。文献的には，やや古いが Banfield（1982）がいまなお重要な出発点でしょう。ゆっくりと丁寧に読むべきです。この文献を批判的に吸収発展させたものが山口（1998, 2009a）で（とくに後者），山口（2009b）は自由間接話法に焦点を絞った好論文です。

第 2 章

どこまでいっても
カテゴリー

カテゴリー（範疇，category）は，個々の物（個物）を指すのではなく，似たものどうしを集めた類を表します。

❶カテゴリーと個物

たとえば，「犬」。この語は2通りにあいまいです。

「あっ，犬だ」と指さす「犬」は**個物**としての犬です。「犬はペットに最適だ」の「犬」は**類**としての犬です。つまり犬一般を表します。あなたが「犬にかまれた」と人に話すときの「犬」は，ある特定の個物としての犬でしょう。しかし，「犬が好き」の「犬」は再びカテゴリーとしての犬です。

「犬が好き」と言うとき，もちろんいま飼っている犬（シロ）を頭に浮かべてもいいが，「シロが好き」とは異なって，「犬が好き」は，好きな対象の範囲がシロから犬一般に広がります。

複数の犬にいっせいに，あるいは次々とかまれるという不幸な目にあったときでも，そのときの犬は個物としての犬が複数匹集まっただけで，カテゴリーとしての犬ではありません。そこから当然，「犬は大きらい」という思いに至ったとき，犬はカテゴリーに転じます。カテゴリーは一般性をとらえるレベルです。

図1　カテゴリーの「犬」と個物の「犬」

✓ ひとつの語でカテゴリーと個物の両方を指すことができる

これは，ことばのとても重要で便利な特徴のひとつです。実際には，個物としての犬を語るときも，その背景にカテゴリーとしての犬をぼんやりと思い浮かべることもあるでしょう。また，逆に，カテゴリーとしての犬を問題にするときも，愛犬のシロが頭の隅でチラチラすることもあるでしょう。

❷カテゴリーとサブカテゴリー

カテゴリーと個物の関係を考えるとき，両者の間に中継点を設けることがあります。

犬のカテゴリーと言ってもずいぶん広いので，もう少し範囲を狭めてシェパード，スピッツ，ダックスフント，チワワなどと言うことがあるでしょう。これらもあるときはカテゴリーを表し，あるときは個物を指します。

しかし，いまはカテゴリーに限定すると，たとえば，シェパードのカテゴリーは犬のカテゴリーより明らかに小さい。カテゴリーが小さいとは，そこに属する個物の数が少ないということです。犬の総数とシェパードの総数とでは，疑いなく犬の総数が上回ります。

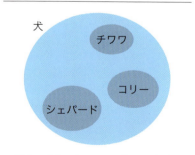

図2　「犬」とそのサブカテゴリー

より大きなカテゴリーに属するより小さなカテゴリーを，**サブカテゴリー**（**下位カテゴリー**, subcategory）と呼びましょう。カテゴリーが類名ならばサブカテゴリーは種名に相当します。カテゴリーとサブカテゴリーの関係は，**類**と**種**の関係だと言えるでしょう。種は類《の一種》です。

✓ カテゴリー（類）と個物の間にサブカテゴリー（種）が存在する

「シェパードは犬の一種だ」と言うように，種と類の関係を表す《の一種》という言い方に注目しましょう。その重要性はのちに解説します。

❸カテゴリーの中心と周辺

個物としての犬は，すべて同じ資格で犬のカテゴリーに属するでしょうか。つまり，すべての犬は互いに対等でしょうか。

具体例で考えましょう。ある工場で100ワットの昼光色の電球が製造されています。不良品は別にすると，製品としての電球はどれも同じ品質のはず。もちろん，多少の当たり外れはあっても，無視できる程度としましょう。個物としての犬とカテゴリーとしての犬は，個物としての電球とカテゴリーとしての電球と同じ関係にあるでしょうか。

同じではありませんね。ではどこが違いますか。

犬は電球と比べるとかなり雑多です。犬を初めて飼うのにペットショップに行けば，犬を選ぶでしょう。あるメーカーの100ワットの昼光色の電球を買うときは，ふつう選択を迷いません（これは品質に差がないと私たちが信じている，いや信じ込まされているからです）。

新しい飼い主の好き嫌いに従って犬の選択肢が変わります。ふつう，❷で述べた犬の種別が思い浮かぶでしょう。ここでもその種の数は専門家とふつうの犬好きと犬嫌いの人とでは異なるはずです。

それでも，ほとんどすべての人がいかにも犬らしい犬だと思う品種と，これが犬なのかと目を疑うような，まるでネズミのように見えるへんてこな超小型犬――いちおうワンとほえてチューとは鳴かない――もいるはずです。

おそらく日本では柴犬のようなのが犬の典型例で，ダックスフントやチワワなどは犬の類の周辺に近いのでしょう。つまり，あるカテゴリーに属する個物は，そのすべてが同じ資格でカテゴリーを構成するのではありません。

カテゴリーとして考えると，柴犬は犬のサブカテゴリー（種）です。サブカテゴリーとしての柴犬は犬のカテゴリーの（ほぼ）中心を占めます。これに対してチワワなどのサブカテゴリーは犬のカテゴリーの周辺近くに位置します。

このようなカテゴリーの性質は犬に限ったことではありません。たとえば，鳥のカテゴリーを考えましょう。ハトやスズメはサブカテゴリーとして鳥のカテゴリーの

図3　カテゴリーの中心と周辺

中心（付近）を占めるのに対して，翼があっても空を飛べないニワトリやダチョウは鳥の周辺に位置づけられるはずです。飛べないだけではなく海に潜るペンギンは鳥のカテゴリーの一番周辺に追いやられます。鳥としては相当に変わりものだということです。

✓ **カテゴリーには中心と周辺がある**

カテゴリーの性質でとくに重要な点は以上です。ポイントをまとめましょう。

☞ **ここがポイント！** 　　**カテゴリー（類）　⊃　サブカテゴリー（種）　⊃　個物**

《この章で学ぶ大切な用語》

カテゴリー　個物　サブカテゴリー　類　種　上位カテゴリー　エレメント　メンバー　包摂分類　分節分類　有界の　生態的地位　プロトタイプ　基本レベル　内包　外延　素性　特性　住み分け　交差分類　自然種　名目種　パーティクル　恣意性　動機づけ　ヘッジ　PC　有標　無標　対偶命題

1節　カテゴリーの性質

　カテゴリーは，抽象的な類概念です。発生的には，複数の類似した個物から抽出された**スキーマ**（☞1章1節）でした。しかし，私たちがこの世に生まれついたときは，すでに既成のカテゴリーに囲まれていました。

❶カテゴリーか個物か

　カテゴリーと個物の違いは，犬の例で明らかになったと思います。今度は，木について考えましょう。窓から見える一本の木は，個物としての木です。しかし，私たちは，その背後に木というカテゴリーを同時に見るのです。あるいはそのサブカテゴリーとしての桜や杉を見ます。再び個物に目を移すと，そこに一本の桜や杉の個物を見ます。

　個物は，あるカテゴリーに属する個々のものです。個物は，集合の用語では**エレメント**（**要素**, element）と呼びます。

❷2大分類法

　カテゴリーによるか個物に基づくかによって分類法が異なります。

　まず，カテゴリーに基づく分類法は，類と種の関係に着目します。サブカテゴリー（種）はカテゴリー（類）《の一種》という関係であり，種は類に包摂され（含まれ）ます。この分類法は**包摂分類**（taxonomy）と呼びます。

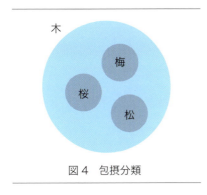

図4　包摂分類

図5　分節分類

✓ 包摂分類は種類に分ける

次に，個物に基づく分類法は，全体と部分の関係に着目します。部分は全体《の一部》という関係で，部分は全体の節目で分けられます。この分類法は**分節分類**（partonomy）と呼びます。

✓ 分節分類は部分に分ける

木を例にとって説明すれば，包摂分類では，類としての木に対して種として桜・梅・松などが想定されて，桜は木《の一種》として木の類に包摂されます（図4）。他方，分節分類では，個物としての一本の木が幹・枝・葉・根などに分節されて，各部分は全体《の一部》としてある役割を果たします（図5）。

包摂分類の特徴は，これがある観点からの世界の分類だという点です。興味や利害に応じて，類と種の関係が組み換えられます。世界の様子はそのままでも，頭の中での類と種の組み合わせは変更できるのです。つまり，あなたの世界の理解がそれで変わるということ。たとえば，あなたがある日突然，もう携帯電話を使わないと決めて，それを不用品のカテゴリーに入れてもいいということです。

分節分類の特徴は，私たちの一個の身体を頭・胴・手足などに分節するときのように，しばしば，ものにおおよその切り取り線があらかじめ入っている点です。人工物では，この点がより一層明瞭でしょう。パーツ（部分）の位置と形状と役割がはっきりするからです。

❸カテゴリーの特性

私たちの頭の中には，大小のカテゴリーがいっぱい詰まっていて，複雑に絡み合います。

カテゴリーは，基本的に，頭の中で生み出されて構成されるものです。多くの人と共有されれば長続きし，要らなければ捨てられ，必要に応じて再編されます。微妙に周辺がブレていたりします。もちろん，自分ひとりの趣味の世界のカテゴリーを持ち続けてもかまいません。

では，頭の中のすべてのカテゴリーで，私たちは世界のすべてを分類し尽くせるでしょうか。宇宙の彼方や深海の世界などを想像してください。未知なものには（まだ）名前がありません。

また，ごく身近なものであっても，関わりが薄ければ名なしのままのものがたくさんあります。

❹カテゴリーの経済性

カテゴリーがまったくない状態を考えましょう。個物のみでカテゴリーがない世界です。世界中のものが，いわば背番号のみを与えられて，背番号1は2でも3でもない。2は1でも3でもない。3は1でも2でもない。また，1と2，2と3，3と1はいずれも無関係。1，2，3はまったく関係ありません。世界はまさにばらばらなままです。

カテゴリーは，ある**関心**から個々のものに類似性を見つけて，個物をグループにまとめます。たとえば，食べられるものと食べられないものに。きのこ類の中でも，食用キノコと毒キノコに分けます。命に関わるのですから。「命に関わる」というのは，まさに私たちの第一の関心です。

私たちは，カテゴリーによって世界を効率よく理解し，カテゴリーを共有することによって，相互のコミュニケーションを容易にします。カテゴリーはことばの経済に大きく貢献するのです。

カテゴリーか個物か（基本1）

固有名詞は，カテゴリーでしょうか個物でしょうか。あるいは，見方によってどちらともとれますか。

アプローチ 固有名詞の具体例（たとえば，ソクラテス）を思い浮かべる場合と，「固有名詞」という用語そのものを念頭に置く場合とでは判断が異なるでしょう。

解答と解説 ◎2人のソクラテス──固有名詞の代表例は人の名前です。たとえば，ソクラテスは，人のカテゴリーに属する個物（エレメント，要素）です。もちろん，ソクラテスは，人間のサブカテゴリーの哲学者に属する個物でもあります。

ただし，ソクラテスぐらい有名人になると，〈ソクラテス＝偉人〉という図式ができて，個人のソクラテスが「ソクラテスのような偉大な哲人」を意味するようになるかもしれません。こうなると，「ソクラテス」はカテゴリーとして再解釈されて，「現代のソクラテス」などがそこに属することになります。

では，紀元前5世紀のアテネに同姓同名のもうひとりの凡人のソクラテスがいたとしましょう。いや，もっと多くいてもいい。ソクラテス$_1$，ソクラテス$_2$，ソクラテス$_3$，……と，あるまとまった数のソクラテスさんがいればどうなるでしょうか。それでも一人ひとりのソクラテスは，個物であることに変わりありません。

ひょっとしたら，「ソクラテスという名の人」というカテゴリーができていたかもしれませんね。しかし，それは，当時のアテネの人々の心のあり方によって決まります。不人気で死刑の判決を受けた本物のソクラテスのことを考えると，その可能性は低かったでしょう。

◎カテゴリーとしての「固有名詞」——次に，「固有名詞」という表現に注目しましょう。「固有名詞」の中心は「名詞」です。名詞には，さまざまな種類の名詞を想定できます。固有名詞は，普通名詞などと並んで，名詞《の一種》です。

名詞のほかに，動詞や形容詞などもカテゴリーです。文法カテゴリーと呼んでいいかもしれませんね。名詞の類のみがカテゴリーを形成するのではありません。

◎カテゴリーとしての「歩く」——「歩く」は動詞です。これをカテゴリーととらえると，上位カテゴリーに「移動する」，同列のカテゴリーに「走る」，そしてサブ（下位）カテゴリーに「ねり歩く」などが想定できます。

形容詞やその他の品詞に属する表現についても，上下のカテゴリーを考えてください。

個物の特性（基本2）

個物らしい個物と言えば，パソコン，携帯電話，コップ，歯ブラシ，本，ハサミなどが挙げられます。これらに共通な特徴をまとめなさい。

アプローチ 個物ととらえたとき，これらはいずれも身の回りの平凡な品です。これらは，個物としての山や川と比べるとどこが違いますか。

解答と解説 ◎個物の輪郭——私たちは多くの個物と共に暮らしています。身の回りの品に共通した特徴をひとつ挙げるなら，明確な輪郭によって区切られるという点です。これが典型的な個物の特徴です。

ケータイが一部コップにめり込むことはないでしょう。歯ブラシと一体型の本も見たことがありません。もっとも，スマートフォンは，電話とカメラとパソコンと，その他もろもろのものが一体化されていますね。しかし，それはそれでひとつの商品として扱えます。個物としての物理的輪郭は明瞭です。

輪郭がはっきりするというこの特性は，言語学では**有界の**（bounded）と呼ばれることがあります。個としての境界があるという意味です。（☞4章1節基本1）

◎個物の大きさ——また，私たちは，身体や手のひらなどを基準にして，あまり大きすぎず，あまり小さすぎずという，ほどほどの大きさの物が典型的な個物と感じるでしょう。衣食住を通じて，手ごろな大きさが自然と決まって，その種の物が私たちの歴史・文化・生活において重要な役割を果たしてきたと考えられます。

他方，たとえば，山などは個物としては典型性が低いでしょう。輪郭もはっきりしません。山すそを考えてください。明瞭な一線は引けませんね。

それでも適当なところに線を引いて，山も個物だと見なします。川も同じです。

2 大分類（基本3）

「ベッド」を包摂分類と分節分類に従って分けなさい。

アプローチ　包摂分類は《の一種》に基づいて，分節分類は《の一部》に基づいて分けていきます。

解答と解説　◎ベッドの2大分類——まず，包摂分類法を考えましょう。類と種の関係に基づく分類法です。ベッドを類と見なすとその種には何が思い浮かびますか。

おもに横幅に着目すれば，シングル，セミダブル，ダブル，クイーン，キングなどがあります。また，ベビーベッドも。上下の段にこだわれば，2段ベッド，3段ベッドがあります。ロフトベッドは下段空間を有効利用します。ソファーベッドは，ベッドとソファーの共通な周辺領域に属するでしょう。

次に，分節分類法ではどうなるでしょうか。個物としてのベッドを全体と部分の関係に従って分けます。ベッドの枠，マットレス，脚，シーツ，枕などが思い浮かぶでしょう。

もう少し考えてください。上で見たのは，それぞれベッド《の一種》とベッド《の一部》でした。では，ベッドは何《の一種》でしょうか。つまり，ベッドの上位カテゴリーは想定できるでしょうか。また，ベッドは何《の一部》でしょうか。

ベッドの直近の上位概念は寝具です。さらにその上に家具があります。ベッドは寝具の一種であり，家具の一種でもあります。他方，個物としてのベッドは寝室（部屋）の一部です。これらの関係をすべて図示すると，図6・7のようになります。

上下の階層はさらに拡大できます。

◎《の一部》の危険性——上の説明では，《の一種》と《の一部》の区別は明快そのもののように思えます。しかし，魔が潜んでいます。次の表現を比べましょう。

(a) 2段ベッドはベッドの一種である。
(b) 2段ベッドはベッドの一部である。
(c) シーツはベッドの一種である。
(d) シーツはベッドの一部である。

まったく問題ないのは (a) と (d) です。まったくダメなのは (c) ですね。同じく「枕はベッドの一種である」も容認できません。しかし，(b) はどうでしょうか。(b) のベッドをベッドの全体集合と（あえて）理解すると，2段ベッドはその部分集合となります。その意味で《の

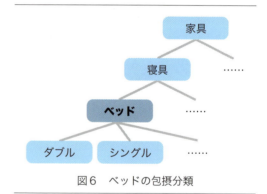

図6　ベッドの包摂分類

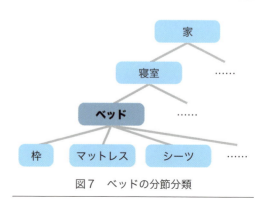

図7　ベッドの分節分類

《一部》は使えるかもしれません。

同じく、「桜は木の一種である」というカテゴリー的な見方に対して、集合的な見方に従って「桜は木の一部である」と言えなくもない……。他方、《の一種》の基準は、きれいに包摂分類と分節分類を見分けてくれます。今後は、《の一部》は、集合的な見方ではなく、あくまで個物を基準に据えた見方に限定して、分節分類の特徴づけに用います。

◎「または」と「かつ」──次の表現を比べましょう。

(e) 木は、桜または梅または松または……

(f) 木は、幹かつ枝かつ葉かつ根かつ……

(e)は包摂分類を表します。木の種としては、桜や梅以外にも多数にのぼるでしょう。そのうちのひとつの種も欠けてはならないということはありません。絶滅する種もあれば新種も発見されます。包摂分類は、それぞれの種が〈または〉で結びついたゆるい（自由度のある）関係だと言えるでしょう。

他方、(f) は分節分類を表します。個物としての木の部分はすべて必須です。それらがすべて集まって木の全体を構成します。それぞれの部分が〈かつ〉で結びついて有機的全体ができ上がります。たとえば、幹のない木などは考えられません。

包摂分類が頭の中で**構成された関係**であるのに対して、分節分類は世界の中に存在する**地続き的な関係**だと言っていいでしょう。

✓ **包摂分類は構成された関係、分節分類は地続き的な関係**

両者の関係は、これから後の章でも重要な意味を持ちます。

カテゴリーの特性（基本4）

成績評価のひとつに優・良・可・不可があります。この中で「良」の意味は、どのようにして定まるでしょうか。また、「良」の意味は、「優」の上に「秀」が加わっても同じでしょうか。

アプローチ　「良」の意味が独立して定まり、常に一定であるということはなさそうです。

解答と解説　ある表現の意味は、それと関連のあるさまざまな意味ネットワークの中で定まります。絶対的な意味が他の意味と無関係に定まるのではありません。

優・良・可・不可の中の良は、「優・可・不可でない」意味領域をカバーします。「70点以上80点未満」とつねに決まっているわけではありません。優の価値を高めるために優を「85点以上」に変更すれば、「良」の領域は広がります。

また、「優」の上に「秀」（90点以上）が設けられれば、たとえ「良」の範囲がそのまま「70点以上80点未満」であっても、その相対的な価値は下がるでしょう。

✓ **意味は「住み分け」をおこなう**

「暑い」と「寒い」の間に「暖かい」と「涼しい」を置いて寒暖の意味の住み分けが行われます。「うだるように暑い」場合や「こごえるように寒い」場合は、修飾語で強められるが、

これで間に合わないと，別の表現が導入されます。北の方言の「しばれる」は，「寒い」の程度が通常の寒さの範囲を超えるときに使われます。

✓ **表現は独自の生態的地位（ecological niche）を保つ**

意味は単独では決まらないということです。自らの周りといろいろな関係を保って共生を図ります。（☞ 1 章 2 節）

▶ Review ｛　｝から正しいものを選びなさい。

分類には，類と種の関係に基づく｛包摂分類／分節分類｝と全体と部分の関係に基づく｛包摂分類／分節分類｝があります。｛包摂分類／分節分類｝は《の一部》の関係に従い，｛包摂分類／分節分類｝は《の一種》の関係に従います。

◆演習 A
(1)「手」と「腕」が指す身体的な範囲は，きっちり確定するでしょうか。また「足」の場合はどうでしょうか。（☞ 3 章冒頭解説）
(2)「爪」と「爪切り」の「爪」は同じ対象を指しますか。
(3)「鉛筆」「筆記用具」「筆箱」には，共通して「筆」が入っています。なぜ「筆」の表現が選ばれたのでしょうか。また，これに類する表現を見つけなさい。

◆演習 B
(1) カテゴリーの観点からすれば，「宅配便」と「宅急便」はどのように違いますか。
(2) 自転車を包摂分類と分節分類で分けなさい。
(3) 全世界の女性を，「Aさん」と「Aさん以外の全女性」の2種類に分けることはあるでしょうか。あるとすればどのような状況でしょうか。

個物とは何か（応用 1）

カテゴリーと個物を峻別しました。では，特定の「鉛筆」と「水」と「家族」は，すべて個物と見なせるでしょうか。

アプローチ 英文法では，鉛筆は普通名詞，水は物質名詞，家族は集合名詞と習いましたね。このような名詞の種類分けは，どのような意味をもつでしょうか。

解答 鉛筆一本と携帯電話一台が別の種類に属する個物なのは当然です。しかし，個物らしさという点では，どちらも明瞭な輪郭を持ち，手に取れて，私たちの視野に全体がおさまること

から，その典型例です。

特定の水は，鉛筆一本などと同じく物理的な存在ですが，種類が違うと感じるでしょう。輪郭がはっきりしません。そこで個物と言うのはためらいがあるので，ふつう「物質」と呼びます。

しかし，水や空気のような物質でも，うんと遠くから眺めると，その輪郭が見えないわけではありません。宇宙から見た地球は，おおざっぱに言えば，大地と水です。水や空気も，広い意味では個物です。

最後に，特定の家族や野球のチームなどは，輪郭が抽象的になるが，それでもひとつのまとまりがあることは否定できません。このまとまりを「集団」あるいはより一般的に「組織」と呼びましょう。組織も，かなり抽象的ですが全体として個物です。ひとつふたつと数えられます。

解説 ◎**典型的な個物**——先に述べたように，輪郭がはっきりして，ほかとの区別が明瞭で，手ごろな大きさのものが典型的な個物です。「手ごろな大きさ」とは，私たちにとって大きすぎず小さすぎず，扱いやすい物，ということです。極小の物や巨大すぎる物は，私たちにはとらえにくいでしょう。(☞基本２)

それでも，見方を変えれば，地球も微生物も個物です。ただし，典型的な個物ではありません。

◎**物質も個物**——特定の水も個物だという見方には，まだ抵抗があるかもしれないですね。でも，宇宙船から地球を見ると，陸と水が見えます。陸が地球という個物の一部であるように，水も地球の一部です。細部を無視すると，陸地の輪郭がはっきりするなら，水域の輪郭もある程度はっきりすると言えるでしょう。

また，こうも考えられるでしょう。淡路島が個物なら，同じく琵琶湖も個物だと。ならば，

そこにたたえられている水の全体も個物だと。コップ一杯の水は，もっと個物らしいでしょう。

念のために，水をカテゴリーとして見ればどうなるでしょうか。カテゴリーとしての水は，見方によって海水，真水，雨水などのサブカテゴリーに分かれます。真水は，さらに，水道水，地下水，井戸水，飲み水……などに分類されます。飲み水の一種にペットボトルの水などがあります。ただし，特定のペットボトル一本の水は個物です。

◎**組織も個物**——組織は個物ではなく，カテゴリーだと思わなかったでしょうか。しかし，ひとつの組織は，一本の鉛筆と比べると具象性は落ちるが，それでも個物です。

ひとつの組織を成り立たせるものは，その組織の**メンバー**（一員，構成員，member）です。メンバーは組織《の一部》です。これは，手足が一個の身体《の一部》なのと同じ関係です。抽象的だけれども，ある組織は，全体として一個の個物としてふるまいます。ある特定のサッカーチームは，全体でひとつの個物として他チーム——これも個物——と対戦します。ひとつの家族も個物，オオカミのある群れも全体としてひとつの個物と見なせます。

ここでも再び，組織をカテゴリーと見なすことができます。カテゴリーと見るときは，種類分けで考えるのでしたね。組織にもいろいろな種類があって，会社も組織のひとつの種類となります。自衛隊もボランティアも組織のひとつ（の種類）です。

> **ここがポイント！** カテゴリーに属するものは**エレメント（要素）**，組織を構成するものは**メンバー（一員，構成員）**です。

分類の多様性（応用2）

日本語の「指」と英語の finger は，全身を対象にして数えればそれぞれ何本ありますか。

アプローチ 手足に限って考えましょう。

解答 合計して指は20本，finger は8本です。

解説 ◎ finger と thumb と toe——日本語の指の本数は問題ないでしょう。英語の finger は，片手で4本です。親指は thumb であってふつう finger ではありません。また，足の指はすべて toe です。ですから，英語の finger の総数は8本。

名称を確認しましょう。日本語は，親指，人差し指，中指，薬指，小指。英語は，標準的には，thumb, index finger, middle finger, ring finger, little finger です。

このように「指」や finger のカテゴリーに何を属させるかは，言語ごとに微妙に異なる場合があります。ちなみに，中国語は，手の指は「手指」，足の指は「脚趾」と言うので，二分法で言うと，英語型です。また，ヨーロッパの言語のひとつであるフランス語は，手の指も足の指も doigt と呼ぶので日本語型です。

✓ カテゴリー分けには絶対的な基準がない

もちろん，傾向はあります。それは，人間的なかたよりです。

ここで問題。日本語で足のもっとも内側の指は「親指」ですが，ではそのすぐ隣の指は何と呼びますか。

「人差し指」が頭に浮かんで……？が点滅していませんか。文字通りにとればおかしなことに…なりそうですね。かといってほかに名前が浮かばないでしょう。

その隣の「中指」とひとつ飛ばして「小指」は，まあこれでいいかもしれません。では，その間の指は，本当に「薬指」と呼んでいるでしょうか。

英語でも似たような状況です。足の親指は，big toe または great toe が一般的です。その隣は long toe（長い足の指）と呼びます。手の index finger（人差し指）とは名づけ方を変えてきました。やはり index toe（人差し足指？）とは言いづらかったのでしょう（足指では人を指せない！）。一番外側の足の指は，little toe と呼んで，手の little finger（小指）と揃えました。

問題は，残った2本の指です。ときに ring toe と呼ばれることがあるようです…が，あまり安定感はありません。ひとつの解決法は，番号をふることです。親指のすぐ隣から second toe, third toe, fourth toe, fifth toe というように。けっこう苦労がにじみます。

日本語に戻りましょう。足の親指のすぐ隣の

> **◆参考情報◆**
> 関東地方で，その近辺に見られないような珍しい大木などを「なんじゃもんじゃ（の木）」と称することがあります。一見したところ分類を拒む木です。また，コケの一種の「なんじゃもんじゃごけ」も同様。しかし，これでいちおう命名されたわけです。

指を「人差し指」と呼ぶのに抵抗を感じる人は，「親指の隣（の指）」や「（足の）２番目の指」などで間に合わせるかもしれません。

ポイントは，身近なものにもきちんとした名前がついていないことがある，ということです。命名の空白地帯です。そう思ってまわりの世界を見直してください。けっこう隙間だらけかもしれませんね。

組織の２大分類（応用３）

これまでいろいろなものを分類しました。では，実態がありそうでなさそうな「大学」を包摂分類と分節分類の２つの分類法で分けなさい。

アプローチ カテゴリーとしての「大学」と個物としての「大学」を混同しないようにしましょう。

解答 カテゴリーとしての大学は私たちが頭の中で構成したものなので，分類の際の観点のとり方によってさまざまな分け方ができます。設置母体を基準にすれば，国立大学，公立大学，私立大学に分かれます。修学期間の視点からは，４年制大学と短期大学が区別されます。また，学生の性別への関心からは，女子大学と共学制の大学に分かれます。その他の分類も可能でしょう。たとえば，総合大学，単科大学，都市型大学，偏差値の高い大学，経営基盤が危うい大学……などなど。

次に，個物としての大学を分節分類に従って分けるときは，ある特定の大学を思い浮かべて，それをひとつの組織と見ます。複数の学部や学科を持つ大学は，そこを節目として切り分けます。すると，文学部，法学部，工学部……のように分かれます。それぞれの学部の下に複数の学科があれば，たとえば，文学部は英米文学科，日本文学科，中国文学科などに分かれます。

解説 ◎**組織の分類**――大学はひとつの組織なので，上で述べた大学の分類の仕方は，組織一般の分類にも適用できます。

すなわち，組織をカテゴリーとみれば，学会のような組織もあればNPOのような組織もあります。他方，個物とみれば，大は国連や日本政府などから，小は特定のナントカ委員会やその日の飲み会にまで広がります。

◎**個物としての組織**――組織を個物とみるとき，それはどのように構成されるでしょうか。ここにはメタファー（☞３章）が関係します。組織は私たちの身体に見立てられます。私たちの体はけっして均等ではありません。身体の各部がピザの具のように平均的に散らばる様を想像してみてください。変でしょう。

体の重要な部分は上半身に集中します。とくに頭部が重要。組織の長を務める人は，「頭」や「首」に相当すると考えていいでしょう。一国の「首相」や銀行の「頭取」，盗賊の「お頭」などの表現と出会います。（☞１章２節基本１）

会議を取り仕切る人は，座の頭の位置に座ります。それゆえ，「座頭」という言い方があるのです。また，そこには，トップに立つ人の「右腕」や「手足」になって働く人がいるでしょう。身体の各部のパーツに相当する部署や役割が想定できます。もちろん，「中枢部」や「心臓部」は大切です。

◎**組織と脳**――不思議というべきか驚くべきと

いうか，私たちの生みだす組織は，一般に，身体に似ます。町や都市も組織の一種なので，やはり私たちの身体との類似性が見られます。

いくら碁盤の目に町が仕切られていても，それらがすべて均一的ということはまずありません。ビジネス街，住宅街，繁華街，歓楽街などがそれぞれ偏って配置されます。これは，人間の身体的なかたよりの反映なのかもしれません。

「身体的なかたよりの反映」とは，さらに言えば，身体的なかたよりを自覚する脳のかたよりだと見なせるでしょう。脳は，純粋な精神器官というよりもきわめて身体的です。〈身体としての精神〉あるいは〈身体としての心〉を考えることが大切でしょう。

▶ Review （　）に適語を補充しなさい。

ある特定の会社，たとえば，A社をひとつの組織ととらえてその内部組織を考えるとき，（　　）部，（　　）部，（　　）部などが頭に浮かびます。これは（　　　）に従った分類法です。

◆演習A
(1) 国際会議では round table（円卓会議）の形が好まれます。その理由を推測しなさい。
(2) 「旅」と「旅行」はほぼ同義語です。しかし，微妙な意味のずれがあります。実際の用例からニュアンスの違いを明らかにしなさい。

◆演習B
(1) 以前あるカテゴリーの代表的な要素を取り上げて，「巨人・大鵬・卵焼」というフレーズが広がりました。これはどのようなカテゴリーなのでしょうか。
(2) rent の動詞義には，英和辞典を調べると，「〈家などを〉賃借りする」と「〈家などを〉賃貸しする」の語義が記述されています。これは正反対の意味がひとつの単語に同居する場合があるということでしょうか。

カテゴリーと個物（発展1）

カテゴリーとしての「犬」と個物としての「犬」の違いは上で述べたとおりです。英語ではカテゴリーと個物の違いを形で表せるでしょうか。次の文を比較しなさい。

(a) I like *dogs*.
(b) I like *a dog*.

アプローチ　日本語の「犬」と異なって，英語の dog は，形の違いで意味の違いが（ある程度）表せます。

解答　(a) の dogs は，カテゴリーとしての犬

に近く，(b) は個物としての犬に対応します。(a) は「カテゴリーとしての犬，つまり犬一般が好き」という意味。(b) は「お気に入りの個物としてのある特定の犬が一匹いる」を意味します。

解説 ◎CとU——英語には可算名詞（辞典ではCで表示される）と不可算名詞（質量名詞，物質名詞とも呼ばれUで表示される）の基本的区別があります。CとUもカテゴリーです。

◎**単数と複数**——次に，可算名詞ならば，単数か複数かの区別をします。私たち日本人も，単数と複数の区別はもちろん概念的にできます——もしできなければ日本経済は成り立たないでしょう——が，この違いを形に表すことはほとんどありません。

「人々」「生徒たち」「悪人ども」「お前ら」などの複数語尾は，むしろ例外的です。「生徒たち」の「たち」を除いても，「3人の生徒」のように複数の意味を表せます。

◎**定と不定**——最後に，英語では，CUと単複の区別とは独立して，どうしても定と不定を区別しなければなりません。定表現とは，定冠詞 the やそれに似た this, that, my, his などを伴う表現です。聞き手にとって何を指すのかがはっきりわかる（と話し手が判断する）表現だと考えましょう。

これに対して，不定な表現とは，不定冠詞 a と an やそれに類する some, many, much, a few などによって修飾される名詞句です。聞き手にとって何を指すかがはっきりと特定できない（と話し手が判断する）表現です。some も many も不定の目印であり，さらに名詞（句）の前に何もつけない dog(s) も不定な表現に分類されます。

ここで，改めて (a) と (b) を比べましょう。(a) の dogs は不定の複数形です。この不定の複数形は，英語で一般論を述べるときに多用されます。あくまで不定な表現なので，「例外はある（かもしれない）が一般に」の意味を伝えます。個物としての不定の数の犬が好きだということで，カテゴリーとしての犬一般が好きだという意味を表すと考えてください。

他方，(b) は，話し手の頭の中には，ある特定の犬（たとえば，ペットショップで見かけたお気に入りの犬）がいて，聞き手はそれを知りません。そこで，たとえば，娘が，父に犬を買ってもらいたいときの申し出として，「(あのね，) お気に入りの犬がいるのだけど……」と言います。これが (b) の表現です。あくまで個物としての犬一匹を指します。

カテゴリーと個物（類題）

次の文の beer と beers をカテゴリーの観点から比較して，その違いを説明しなさい。

(a) I like *beer*.

(b) I drank three *beers*.

アプローチ 発展1の dog は可算名詞であるのに対して，beer は質量名詞です。上記の (b) では本来質量名詞である beer が，臨時的に可算名詞に転じる点に注意しましょう。（☞4章1節発展2）

解答 (a) の beer は，water や money などと

ともに本来質量名詞です。それがそのまま使用されていて，カテゴリーとしてのビールを意味します。

　(b) の beers は，複数語尾の -s がつく点から，可算名詞化したビールです。つまり，1単位 (unit) 分が明らかな存在と理解されます。より具体的には，three の付加からわかるように，「（ジョッキで）ビール3杯」または「ビール3本」を飲んだという意味です。

解説　◎**単位で分ける**──パブなどの酒場では，ビールの1単位分は明らかなので，(b) のような用法が定着します。中ジョッキ一杯とか1パイント (pint) というように決まるからです。a large whisky（ウイスキーたっぷり一杯）というような言い方もあります。

◎**種類で分ける**──少し話がむずかしくなりましたね。次の例は，もっとわかりやすいので安心してください。

　　(c)　This is *an* excellent Scotch whisky.
　　(d)　They have excellent whisk*ies* in Scotland.

whisky（ウイスキー）も液体なので，本来は質量名詞です。U の whisky が，(c) と (d) では C に変身します。これはどう考えればいいでしょうか。

　これは，種類を表す場合です。(c) は，ウイスキーというカテゴリーのサブカテゴリーのひとつとして，高級スコッチウイスキーを見るのです。高級スコッチウイスキーにも各種あると見るのが (d)。(c) は「これはすばらしいスコッチだ」，(d) は「スコットランドにはすばらしいスコッチがいくつもある」を意味します。

　(c) は，an の存在からさらに解釈を進めて，高級スコッチウイスキーというウイスキーのサブカテゴリーに属する一本（個物）とも理解できます。

抽象概念のカテゴリーと個物（発展2）

　honesty（正直）は virtue（徳）の一種か，それともその一部かを考えなさい。両方とも考えられるなら，なぜそうなのかを説明しなさい。

アプローチ　抽象概念なので，考えの筋道をきっちりと整えてください。包摂分類と分節分類の分類基準をはっきりさせて，両者を混同しないようにしましょう。

解答　honesty は virtue の一種であるとも考えられ，またその一部と考えることもできます。包摂分類では徳を類概念ととらえて，分節分類では徳をひとまとまりのもの（個物）ととらえます。これは，包摂分類と分節分類とがまぎれることがあるということを示すのではなく，2通りの解釈が可能であることを意味します。

解説　◎《**の一種**》**と**《**の一部**》──「正直は徳の一種である」も「正直は徳の一部である」も問題ない表現でしょう。つまり，《の一種》（包

摂分類)の見方も《の一部》(分節分類)の見方も，両方とも可能だということです。

正直と徳をカテゴリー関係として解釈すれば，正義や寛大などと並んで，正直が徳《の一種》となります。また，徳をひとつの全体的な性質（つまり，広い意味の〈もの〉）ととらえると，正直は総合概念としての徳《の一部》，つまり徳を構成する部分のひとつと見なせます。

◎**実体思考**──徳も正直も〈もの〉ととらえて，両者を全体部分関係と理解するのは，抽象概念を実体化して思考する場合です。このような実体化思考は，ことの本質を見誤るとの批判があるかもしれません。

しかし，ここでは，哲学的な議論に踏み込まず，私たちの日常的な思考法を理解するのが先決です。〈もの〉化して考えるのは，私たちの日常思考の重要な戦略です。しばしばそうしないとことばが出なくて，沈黙するしか仕方がない状況に追い込まれます。「自信を持つ」「自信がある」「自信を失う」などの表現は，すべて自信を実体化して表現したものです。

すでに繰り返し述べたように，包摂分類的（カテゴリー的）思考は，対象を**類型的**にとらえ，分節分類的思考は，対象を**地続き的**に理解しようとします。

抽象概念のカテゴリーと個物（類題）

次の英文を日本語に訳しなさい。

> Honesty may be regarded as a kind of virtue and also a part of virtue. So too for many verbs denoting activities. For example, the proposition "X can sew" may be held to imply a conjunction of "X can tack", "X can hem", "X can baste", etc. Each of the verbs in the set {'tack', 'hem', 'baste', etc.} is a hyponym of 'sew' and may yet be said to denote an activity which is part of the activity denoted by 'sew'.
>
> ── Lyons (1977)

【語句】honesty 正直　be regarded as 〜と見なされる　a kind of 《の一種》　virtue 徳，美徳　a part of 《の一部》　so そうである　for 〜に関して（so too for 〜に関してもそうである）　verbs 動詞　denoting 〜を意味する（verbs を修飾する）　activities 活動　proposition 命題　sew 縫う，縫物をする　be held 〜と考えられる　imply 暗に意味する　conjunction 接続，連言　tack（縫物で）しつけをする　hem 縁かがりをする　baste 仮縫いする　set 集まり，集合　hyponym 下位語，サブカテゴリー　yet しかしながら　denote 意味する

アプローチ　クリアな思考が端正な英語で表現された一節なので，背筋を伸ばして繰り返し読みましょう。

解答　正直は徳《の一種》とも徳《の一部》とも解釈できます。この点は，活動を表す多くの動詞にも当てはまります。たとえば，「Xさんは縫物ができる」という命題は，「Xさんはしつけができる」「Xさんは縁かがりができる」「X

さんは仮縫いができる」などを合わせたものと理解できるでしょう。{「しつけをする」,「縁かがりをする」,「仮縫いをする」など}のセットのそれぞれの動詞は,「縫物をする」のサブカテゴリーですが,見方を変えれば「縫物をする」という活動の一部とも解釈できるでしょう。

解説 ◎動詞と２大分類法──活動を表す動詞を２大分類法に従って解釈します。「縫物をする」を包摂分類で分ければ,たとえば,「しつけをする」や「仮縫いをする」などは,「縫物をする」《の一種》だと理解できます。

他方,「縫物をする」を一回の一連の作業工程と解釈すれば,「採寸する」から始まって「しつけをする」や「仮縫いをする」などの工程を順に経て,衣類として仕上げられるまでの全過程を指します。このとき,「しつけをする」などは「縫物をする」の全行程《の一部》だと解釈されます。

◎活動を表す名詞の場合──活動を表す品詞は動詞に限定されるわけではありません。名詞の類にも活動を表すものがあります。「破壊」や「執筆」や「マラソン」などは活動を表します。

たとえば,「殺人」は包摂分類で分ければ,それは「犯罪」《の一種》であり,「連続殺人」や「通り魔殺人」は「殺人」《の一種》です。他方,個別的な殺人事件を分節分類で分ければ,「殺人行為に至る経緯」「殺人行為」「被害者の死」というように時系列に従って事が展開するでしょう。そのひとつは,「殺人」《の一部》に相当します。

◎活動と個物──活動の中でも,出来事は,時系列の中で始め・中・終わりがワンセットになって切り取られたものです。芝居で言えば幕が上がって幕が下りるまでが一区切りです。出来事は,ひとつふたつと数えられる点でも,空間的な存在物としての個物に似ています。

有界の（bounded）という用語を思い出してください。空間的な個物が空間的な輪郭によって周りから切り離されるように,時間的な出来事は時間的な前後によって切り取られるのです。いずれも,あるはっきりとしたまとまりがあります。

英語では,出来事をeventと言います。eventは,語源的にはe-（出て）とvent（来たこと）であり,日本語の出来事とそっくりです。やはり,個物的な特徴を示します。「出来事」は「出来もの」と解釈されて,ひとつの出来事はひとつの「もの」（個物）として理解されます。こうして数が数えられるようになります。

☞**ここがポイント！** 　発展２とその類題は,包摂分類と分節分類の境目が紛らわしくなる場合がある,ということを意味しません。両者の区別は明白であり,かつ,２系統の分類が可能な場合がある,ということを意味します。２大分類は,ある種の抽象概念や活動動詞においても,私たちの思考経路を規定します。

「文」の2大分類（発展3）

これまでベッドや大学などの2大分類の問題を考えました。より抽象的な「文」を包摂分類と分節分類で分けなさい。

アプローチ 文とは何かを，その種類の観点と構成要素の観点から分類しなさい。

解答 分節分類に従うと，主部と述部に分かれます。これを，主語名詞句と動詞句と呼んでもいいです。これに従うと，動詞句はさらに動詞と名詞句などに分かれます。

さらに細かな分類も可能です。名詞句であれば，限定詞（the, this など）と名詞に，前置詞句であれば前置詞と名詞（句）に分解できます。

いずれの場合も，より小さな単位はより大きな単位《の一部》となります。この《の一部》の関係が文のすべての範囲に及ぶのです。**形態素**（morpheme，意味をもつ最小単位で -er や dis- などの接辞や -ed などの時制表示などが含まれます）や**音素**（phoneme，音の最小単位で /p/ や /t/ などが含まれます）のレベルも，この関係で成り立ちます。

認知言語学では，文の要素は，**もの**（thing）と**関係**（relation）を表す概念からなると考えます。代表的なものとして，名詞（句）は〈もの〉を表して，動詞は〈関係〉を表すと見なします。

他方，文は，包摂分類によるカテゴリー分けもできます。伝統的な分け方のひとつは，平叙文，疑問文，命令文のように分けるやり方です。これらは，さらに肯定文と否定文に分かれます。ほかにも，文のカテゴリー分けは可能です。

解説 ◎5文型の是非──学校文法では，文型的観点から5文型に分ける教え方が伝統的ですね。実際には，ここにもカテゴリーの性質がよく表れて，頻出する文型がある一方で，5文型からはずれる次のような例も少なくありません。

(a) He died *young*. （彼は若死にした）

(b) They eat fish *raw*.
　　（彼らは魚を生で食べる）

(a)は通常のSVC（第2文型）ではないでしょう。He diedの部分だけで意味が完結するので，ここだけ見ればSV（第1文型）です。(a)は，その時の主語の状態（young）を付加した形です。

(b)は通常のSVOC（第5文型）ではありません。これも They eat fish だけで意味的に完結するので，ここのみを取り出すとSVO（第3文型）です。(b)は，これにそのときの目的語の状態（raw）を加えた形です（☞5章2節応用3）。

では，young や raw も構文を形作る一部だとすれば，英語の基本文型はいくつあると考えればいいのでしょうか。これはとても興味深い問題です。チャレンジしてください。

◎遂行文とは何か──このほかにもさまざまな文のカテゴリー分けが可能です。一例のみ挙げましょう。

(c) *I promise* I will bring back the book in a week. （その本は一週間で返すと約束します）

(c)は**遂行文**（performative）と呼ばれます。promiseのような**遂行動詞**（performative verb）と共に，1人称主語で現在形であるというのが条件です。遂行文は，その文を発することが，即ある行為（この場合は約束という行為）の成立を意味するという特徴を示します（☞6章

2節基本3）

▶ **Review** （　）に適語を補充し，｛　｝から正しいものを選びなさい。

(1) 英語の名詞は，まず（　　　）か（　　　）を判別します。次にC（可算）ならば（　　　）か（　　　）かを形でふつう表します。最後にどのような場合にも（　　　）と（　　　）の区別をします。

(2) 英語の名詞には，informationやnewsのように絶対的な｛可算名詞（C）／不可算名詞（U）｝があります。他方，coffeeやbeerのように本来｛可算名詞（C）／不可算名詞（U）｝である名詞が，文脈的に1ユニットが明白だと｛可算名詞（C）／不可算名詞（U）｝に転換することがあります。不可算名詞は，本書ではしばしば（　　　）名詞と呼ばれます。

(3) I promise I will make you happy.（幸せにすると約束するよ）やI name this ship Queen Elizabeth II.（私はこの船をクイーンエリザベス2号と名づけます）などの文は（　　　）と呼ばれます。主語が（　　　），時制は（　　　），動詞は（　　　）を用いる点がその特徴です。

◆**演習A**

(1) 歯ブラシにつけるペースト状のものを「歯磨粉」と呼ぶのには，かすかな違和感があるかもしれません。もしあればどのように解決し（てい）ますか。（☞3章2節）

(2) 道具の「ハサミ」は，よく考えると不思議な名称です。その理由を考えなさい。

(3) 日本語の**類別詞**（classifier）（本，台，枚など）の中で，とくに「個」は適用範囲が広いとされます。「卵を3個割る」「1個（年）下」「2個離婚した」などの表現の適否を判断して，「個」が適用されるカテゴリーを推定しなさい。

◆**演習B**

(1) 英語圏の喫茶店で紅茶を2杯注文するときは，次の2つの表現のうち(b)がより多く用いられます。teaは本来Uなのに，なぜ(b)がよく用いられるのでしょうか。（☞発展1類題）

　　　(a) *Two cups of tea*, please.

　　　(b) *Two teas*, please.

(2) 次の英単語は，CとUの違いで意義が異なります。それぞれの代表的な意義を示しなさい。

　　　(a) cloud

　　　(b) color

　　　(c) light

(3) 日本語と英語の名詞（句）について，次のものをそれぞれどのように形式的に区別をしていますかあるいはしていませんか。

　　　(a) 可算Cと不可算U，(b) 男性と女性，(c) 単数と複数，(d) 定（definite）と不定（indefinite）

2節　カテゴリーとサブカテゴリー

この節では，カテゴリーとサブカテゴリーの関係をさらに調べます。

❶基本レベル

カテゴリーとサブカテゴリーの関係は，すでに述べた包摂分類に基づく分け方です。サブカテゴリーがカテゴリー《の一種》となる関係です。

たとえば，麺類とうどんときつねうどんの三者の関係では，麺類が**上位カテゴリー**で，その下にうどんが位置して，うどんのサブカテゴリーにきつねうどんが置かれます。上中下の階層の中で，中段のうどんは，とくにふだん遣いの表現です。

ある店を指して，「あっ，麺類屋だ」とは言わないでしょう。また，「あっ，きつねうどん屋だ」とも言わず，ふつう「あっ，うどん屋だ」が口をついて出ます。

上下につながったカテゴリーの階層の中には，ふだん遣いのレベルがあるということです。これを**基本レベル**（basic level）と呼びます。うどん，そば，ラーメンなどは基本レベルのカテゴリーです。

❷交差分類

次に，上下のカテゴリーは，つねに縦一線に並ぶということはありません。線が交錯することもあります。このような分類を**交差分類**（cross classification）と呼びます。

たとえば，扇風機は，電力不足になると，本来の涼風装置のカテゴリーにとどまりながら，臨時に節電用品としても評価されます。団扇も，本来の類と共に，この新カテゴリーに参加したり，人によっては簡易ハエ叩きにもなったり，あまり役立たない孫の手として使用されるかもしれません。

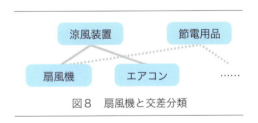

図8　扇風機と交差分類

❸カテゴリーと実体性

カテゴリーは，人間の頭の中で構成されたものなので，大なり小なり抽象的なものです。類似した複数の個物から共通性を抽出してできたものです。

たとえば，「食べ物」というカテゴリーを思い浮かべましょう。けっこう抽象度が高いことに気づきます。ミカンや魚は頭に描けても「食べ物」そのものを描くことはむずかしいのです。

このことは，実は，魚でもほとんど同じなのです。頭に浮かぶ魚や紙に描いた魚は，やはりかなり具体性がそぎ落とされた抽象的な魚であるはずです。その意味で，スキーマ的に抽出された魚は，どの個物としての魚とも厳密には同じでないことがわかるでしょう。

　このようにカテゴリーは，基本的には抽象的な概念であり，世界の中に正確に対応する実体がないのが普通です。しかし，動植物のカテゴリーは，ある程度なら世界の中の実体と対応するとも言いたくなります。そこで，これらを**自然種カテゴリー**（natural category）と呼びましょう。

基本レベル（基本１）

　下記のものを上位カテゴリー，基本レベルカテゴリー，サブ（下位）カテゴリーに分類して，基本レベルのカテゴリーの特徴をまとめてみましょう。
　　　［椅子，回転椅子，机，家具，ベッド，ひじ掛け椅子，車椅子］

アプローチ　基本レベルカテゴリーは上位カテゴリー《の一種》であり，下位カテゴリーは基本レベルカテゴリー《の一種》です。

解答と解説　◎**基本レベル**──上位カテゴリーは家具であり，基本レベルは椅子，机，ベッドであり，椅子のサブカテゴリーは回転椅子，ひじ掛け椅子，車椅子です。

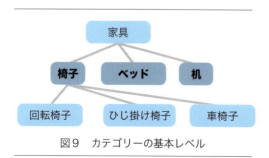

図９　カテゴリーの基本レベル

◎**基本レベルの特徴**──基本レベルカテゴリーにはいくつかの特徴があります。第１に，ふだん遣いのレベルなので，表現が短いという特徴があります。椅子，ベッド，机のみならず，動物のカテゴリーでは，犬，猫，馬，牛なども基本レベルカテゴリーに属して，音節が短いことが確認できるでしょう。

　第２に，この節の冒頭で述べたように，日常的にもっとも想起されやすい点が挙げられます。パッと思いつく。「あっ，うどん屋だ」の感じです。

　第３に，ことばの獲得において，他のレベルのカテゴリー名よりも早く学習されることが確認できます。子どもは，まず基本レベルを覚えます。

　第４に，サブカテゴリーは，回転椅子，ひじ

掛け椅子，車椅子に見られるように，しばしば基本レベルのカテゴリー名をベースにして，種類を明示する名称を付加します。

以上の観察から，カテゴリーの構造には基本レベルがある，と想定できます。

基本レベル（類題）

椅子，回転椅子，ひじ掛け椅子，車椅子に対応する英語表現を探して，各表現の対応関係を確かめなさい。

アプローチ 日本語と同じように，基本レベルと下位カテゴリーとの関係にあるかどうかがポイントです。

解答と解説 対応する表現は，chair（椅子），swivel chair（回転椅子），armchair（ひじ掛け椅子），wheelchair（車椅子）です。日本語とよく対応して，やはり簡潔な chair が基本レベルに属して，残りの三者がそのサブカテゴリーに属することがよくわかります。

また，kitchen chair（食卓椅子），rocking chair（揺り椅子），highchair（ベビー椅子，ハイチェア）なども，回転椅子などと同じ並びになります。しかし，stool（丸椅子，腰かけ，スツール，止まり木）は，背もたれのないところから，少なくとも英語では，chair のカテゴリーの外に追いやられます。日本語では微妙ですね。

交差分類（基本２）

「犬」に属するサブカテゴリーはすでに見ました。では，「犬」が属する上位カテゴリーは何でしょうか。

アプローチ 「犬」に属するサブカテゴリーは柴犬，スピッツなどでした。では，「犬」はどのカテゴリーのサブカテゴリーでしょうか。つまり，「犬」は何《の一種》ですか。

解答と解説 ◎上位カテゴリー——車の分類を考えましょう。車のカテゴリー（類）はセダン，スポーツカーなどのサブカテゴリー（種）がありました。しかし，他の種類分けもできますね。ガソリン車，ハイブリッド車……というように。

同じく，犬も柴犬，スピッツなどという動物学的な分類ではなくて，別の観点から，たとえば，盲導犬，警察犬，レスキュー犬などのサブカテゴリーを考えることもできます。関心の持ちようによって異なった分類ができる点が，カテゴリーの性質の重要なところでした。

では，車が属するカテゴリーは何でしょうか。常識的にすぐに思い浮かぶのは乗物。乗物のサブカテゴリーには車，列車，船，飛行機などがあります。車の側から見れば，「乗物」は上位

カテゴリー（スーパーカテゴリー）と言えます。上位カテゴリー、基本カテゴリー、下位（サブ）カテゴリーは連続的です。

✓ **上位カテゴリー ⊃ 基本カテゴリー ⊃ サブカテゴリー**

ここのポイントは、「犬」の上位カテゴリーは何かです。これも常識的にすぐわかります。たいていの人は「動物」と答えたでしょう。それで正解です。しかし、問題はここで終わりません。

◎**交差分類**——「犬」の上位カテゴリーは、「動物」だけでしょうか。カテゴリー分類には、人の**関心**が大いに関係するとすでに繰り返し述べました。「動物」以外の上位カテゴリーをぜひとも考えてください。

たとえば、「動物」ではあまりにも大きいカテゴリーなので、「哺乳類」を思いついた人はいませんか。もちろん、これも正解です。「動物」と「犬」の間に位置するカテゴリーです。

また、「ペット」を考えついた人もいるかもしれません。これも正解です。

すると、犬や猫は哺乳類《の一種》（サブカテゴリー）でもあり、ペット《の一種》（サブカテゴリー）でもあることになります。しかし、牛は哺乳類に属するものの、ペットとして飼うことはふつうないでしょう。

他方、金魚やインコはペットに適しても、いずれも哺乳類ではありません。全体の関係はどうなるのでしょうか。図示しましょう（図10）。

犬と猫に注目してください。共に哺乳類のサブカテゴリーでもあり、ペットのサブカテゴリーでもあります。このような分類形態を**交差分類**と呼びます。けっして珍しいことではありません。

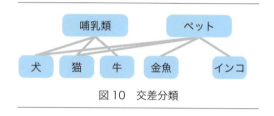

図10　交差分類

交差分類が可能なのは、私たちの世界に対する関心が複眼的だからです。カテゴリーの編成に柔軟性があるのは、私たちの関心のあり方が完全には固定されないからです。単なるわがままで、カテゴリー分けが変わってしまうこともあるのではないでしょうか。ペットとして飼っていたカメやワニを、ペットの枠の外に放り出す（ついでに川に放つ）ことが起こるように……。

前置詞かパーティクル（不変化詞）か（類題）

次の (a) – (d) の中でひとつだけ容認できない文があります。その文を指摘し，そこから前置詞のカテゴリーに属さない up の用法があることを確かめなさい。

(a) She climbed *up* the mountain.
(b) She climbed the mountain *up*.
(c) She picked *up* the book.
(d) She picked the book *up*.

アプローチ 前置詞とは，名詞（句）の「前に置く品詞」です。名詞（句）の後ろにも回ることのできる up は，前置詞ではありません。

解答と解説 (b) が容認できない文（非文）です。

◎**前置詞の up** ——(a) の up は前置詞です。*up* the mountain（山の上に向かって）がひとまとまりで，前置詞句を形成します。the mountain は，前置詞 up の目的語にあたる名詞句です。前置詞は名詞（句）の前に置かねばなりません。(b) では，この前置詞が名詞句の後ろにあるので非文となります。look *at*（～を見る）の at も前置詞です。

◎**パーティクルの up** ——(c) の pick *up*（～を持ち上げる）の up は**パーティクル**（**不変化詞**，副詞的小辞，副詞，particle）です。pick *up* でひとまとまりの他動詞表現です。この up は (d) のように後ろに回れます。もうひとつの特徴は，代名詞と共起するときは，必ず pick it *up* のように，代名詞を間にはさまなければなりません。pick *up* it は認められません。pick *out*（～を選び出す）の out もパーティクルです（☞1章1節発展3類題）。

✓ **前置詞とパーティクルは別物**

英語の前置詞の中には，up のようにパーティクルと兼用のものと，at のように前置詞専用のものがあるので，日ごろから辞書の記述をよく見る習慣をつけましょう。

▶ **Review** （　）に適語を補充しなさい。

(1) 上位レベルのカテゴリーと下位レベルのカテゴリーの間に，(　　) レベルのカテゴリーが存在します。

(2) ある概念が，複数の異種カテゴリーに属する場合があります。このような分類を（　　）と呼びます。

(3) give *up*（あきらめる）は，give *up* the plan（その計画をあきらめる）とも give the plan *up* とも言えるので，この up は（　　）ではなくて（　　）です。

◆**演習 A**

(1) 「茶碗」の代表的なサブカテゴリーを3種挙げなさい。

(2) jog の意味を run と対比させることによって明らかにしなさい。（☞ 1 章 1 節応用演習 A (1)）

◆ 演習 B
(1) 「卵焼」のカテゴリーは日本中どこでも均一ですか。
(2) 基本 2 で犬，猫，金魚，インコは，すべてペットのサブカテゴリーだと考えました。これらはすべて動物です。では，動物とは言えないペットは存在するでしょうか。
(3) look *for*（探す），turn *on*（スイッチを入れる），listen *to*（聞く），call *up*（電話をかける）のイタリック体の語は，それぞれ前置詞かパーティクルのどちらですか。辞書で調べなさい（☞ 1 章 1 節発展 3 類題）。

カテゴリーの種類（応用 1）

カテゴリーとしてのキリンとビールを比較して，その異同をまとめなさい。カテゴリーに属する要素の均質性に着目しなさい。

アプローチ キリンは生き物であり，ビールは人間が作り出したものです。そこにカテゴリーの成立と性質の違いがありそうです。「ビールもどき」が各種あるのに対して，「キリンもどき」は存在するでしょうか。

解答 キリンのカテゴリーはほぼ均質です。他方，ビールのカテゴリーは多種多様です。ビールかどうか即断できないものもあります。

解説 ◎**キリンのカテゴリー**——キリンは，人によってキリンと名づけられる以前から自然界に生息していて，カテゴリーとして特有の性質を持ちます。たとえば，「首が長い」「黄色の地に茶の斑がある」「草食で高木の葉を好む」などの特性が挙げられます。

このように自然界に存在する動植物や岩石などは，**自然種**（natural kinds）と呼ばれます。均質性の高いカテゴリー（とサブカテゴリー）を形成すると考えていいでしょう。

◎**ビールのカテゴリー**——他方，人間がある目的で生み出したビールなどは，**名目種**（nominal kinds）と呼ばれます。ビールに「ビールもどき」が存在するのは，それがある目的をもって商品化されて需要があるからです。似て非なる「第 2 のビール」「第 3 のビール」などのもどき商品が登場するのです。

事実，麦芽（ホップ）抜きの発泡酒やビール風味のノンアルコール飲料などが存在し，本来のビールにもドラフト（生）であるかないか，アルコール度数の違いなどに応じて各種あります。ギネスなどの個性派も勢ぞろいします。ビールのカテゴリーにはしっかりとした中心があり，周辺はかなり揺れ動くと考えていいでしょう。

◎**キリンは均質か？**——上で，キリンのカテゴリーは「ほぼ均質」と述べました。しかし，完全に均質というわけではありません。やはり，

◆**参考情報**◆
キリンビールのキリンは「麒麟」であって，古代中国の想像上の動物です。

カテゴリー一般の特徴を示します。

ちょっと思考実験をしましょう。なにかの拍子に首を複雑骨折したキリンが手術で一命をとりとめたものの、首の長さがふつうの馬ほどになってしまった。この動物は、引き続きキリンのカテゴリーに属するでしょうか。

同様に、鼻ぺちゃのゾウや短足のフラミンゴ、弱虫のライオンや空飛ぶニワトリなどもいっしょに考えてください。ディズニーにはダンボ（大耳で空飛ぶ小ゾウ）も登場します。

「短首のキリン」と言った瞬間に、キリン（の一種）と認めたことになります。野生に戻されて仲間外れになりはしないか、エサは十分に得られるのかと心配ですが、キリン界の隅っこでなんとか生きていってもらいたい……。

では、シマウマの「シマ」がとれたらただの「ウマ」になる？ 突然変異で猪首（いくび）になったキリン模様の動物はキリンの一種でしょうか、猪の一種でしょうか。

カテゴリーの種類（類題）

「女子会」が意味する範囲を調べなさい。

アプローチ　「女子会」はカテゴリーとしては名目種です。しかし、上記のビールのような明確な実体が存在しないだけに、その意味範囲を見極めるのはよりむずかしい。自ら情報を集めましょう。

解答　女性だけの飲食の会を中心にして、遊びや趣味の会まで広く指します。女性のみというところに命名のポイントがあり、男性を排除して女性の立場からの本音トークができ、ストレス発散にも役立つというメリットが受けるようです。かつては、女子だけの飲みニケーションを表す「女子飲み」がありました。しかし、「女子会」に名称も実態も吸収されたようです。

解説　◎名目種の種類——ビールやソファーやパソコンなどは、人がある目的で作り出した名目種です。これらと比べて、女子会は、広い意味での組織です。より抽象的なカテゴリーだと考えられます。

より抽象的なので、そのカテゴリーに含まれるものは、より輪郭が見えにくくなります。それでも、カテゴリーの常として中心と周辺があり、おそらくその中心は、女性だけの飲み会から始まったと思われます。その後、「女性だけの本音トーク」の特性に注目して、お酒抜きの同趣旨の会合に急速に展開したのではないでしょうか。

◎〈らしさ〉——少しお酒が入れば——かなり入ればますます——本当に本音が出るのでしょうか。その真偽はわからないけれども、本当らしく思えます。私たちは、日常的には、真実よりも、真実らしさ、本当らしさに従って暮らしているように思えます。〈らしさ〉は重要な判

断基準です。「お酒を飲んで本音を語る」という特性が中心にありそうなのは納得できますね。ただし，ハラスメントに注意。

◎**カテゴリーの拡大あるいはサブカテゴリーの出現**——そこから，必ずしもお酒が入らなくてもいい，ただ男性がいなければ本音で語りやすいという雰囲気ができてきます。この意識が共有できれば，お酒が飲めない女性も本音トークに参加できます。「女子会」のカテゴリーは一気に拡大します。

これを商機ととらえれば，様々な形の会合の場所が提供されます。ランチ女子会，セレブ女子会，ママ友女子会……。お茶やスイーツや買い物や旅行などにもただいま拡大中。

カテゴリーと PC（応用２）

「議長」を意味する英単語は chairman です。では，議長が女性の場合は，どのように表現するのが望ましいでしょうか。

アプローチ　かつて chairman は男女兼用でしたが，女性の社会進出に伴って変化が見えるようになりました。man が「男」であり「人」であるという点が一番の問題です。解決法を考えなさい。

解答　最初の解決法は，chairman と chairwoman を対比して用いるものでした。しかし，これでは根本的な解決になりません。man が「男」であり「人」であり続けるからです。次に考案されたのが，ジェンダーに中立的な chairperson です。この -person はある程度応用範囲も広げて受け入れられたものの，単語が長めになります。そこで，現在では男女を問わず，chair 一語でもって「議長」を表すという選択が広く支持されています。

解説　◎**PC とは何か**——PC という表現をよく目にするようになりました。politically correct（政治的に正しい）または political correctness（政治的正しさ）の略です。ある表現が「差別的でない（こと）」という意味。そのような表現を PC 表現と言います。

◎**PC の対象**——PC の対象は，やや古くは *underdeveloped* country（低開発国）や *backward* country（後進国）を *developing* country（発展途上国）と称するところなどにも見られました。現在の主な対象は，①エスニック・マイノリティ（ある社会の少数民族集団），②身障者，③ジェンダーです。いま問題なのは，③のジェンダーに関わる女性を対象とする PC 表現です。

◎**女性は標つきか**——ある語の前後に woman を付加した *woman* scientist（女性科学者），chair*woman*（女性議長），female を冠した *female* Prime Minister（女性首相），また女性を表す接尾辞の -ess をぶらさげた steward*ess*（スチュワーデス），poet*ess*（女流詩人）などがあります。

確かに同じ職種に就いて同じ条件で働くのなら，男女別の呼称は必要ないでしょう。議長が男女に関係なく chair で十分なのと同じく，steward*ess* は少し工夫すれば flight [cabin] attendant（搭乗員）という PC 表現が得られます。もちろん，科学者は scientist を男女で兼用します。

第2章……どこまでいってもカテゴリー

◆参考情報◆

PCは，1980年代頃からアメリカで議論されるようになった問題で，次のように説明されます。「PCとは，従来アメリカの伝統的文化や価値観が『西欧・白人・男性』中心であったことへの反省に立ち，各エスニック・マイノリティ集団，女性や同性愛者，障害者等の社会的弱者の文化，権利，尊厳を承認し，彼らを傷つける言動を排除しようという思想であり，配慮であり，運動である。」（森茂岳雄「多文化主義をめぐる議論」『事典現代のアメリカ』大修館書店，2004, p.495）

つまり，社会的弱者として差別されがちな人々の尊厳と社会的公正を求め，ことばの上でも差別や偏見をなくすように改善を図ろうとした運動です。こうした認識が広がる一方で，事実や歴史についての正確な知識の裏付けがないと，根拠のないことば狩りに堕するだけでなく，逆差別を助長しかねないようなリスクもPCははらんでいます。

ことばには無意識のうちに社会的差別が反映される傾向があるので，このような問題に取り組むには，ことばの本質を見すえてその使い方に自覚的になり，真の意味での良識をはたらかせる必要があります。日本でも問題になっているヘイトスピーチにも，ここで危惧されているようなメカニズムがはたらいていると言えるでしょう。

カテゴリーとPC（類題）

次の英語のなぞなぞを解きましょう。

A doctor in N.Y. has a brother in L.A. who is also a doctor. But the doctor in L.A. does not have a brother in N.Y. who is a doctor. Why?

【語句】N.Y.=New York　L.A.=Los Angeles（◆ロサンゼルスを英語でLos（ロス）と言うことはない）

アプローチ　doctorの意味をよく考えるのがポイントです。無意識に前提とすることはありませんか。あればそれをいったんカッコに入れましょう。なお，日本語訳でもこのなぞなぞは成立します――「ニューヨークに住んでいるある医者は，ロスで同じく医者をする兄［弟］がいる。しかし，ロスに住むその医者は，ニューヨークで医者をする弟［兄］がいない。な〜ぜだ？」

解答　doctorは性別を指定する語ではないので，男性の医者でも女性の医者でもありえます。ニューヨークに住む医者が女性であり，彼女がロサンゼルスの医者の姉または妹であれば，何の矛盾も生じません。

解説　◎有標と無標――私たちはdoctor(医者)という表現に接すると，習慣的にカテゴリーの範囲を狭めて，男性の医者を頭に浮かべがちです。そのような考えを後押しする表現に「女医」があります。「女」を付加して女性の医者を特別扱いします。

このようにある要素を付加して表示されたサブカテゴリーを**有標の**（marked）表現と呼びます。標がついたという意味です。「女医」のほかにも，「女教師」や「婦人警官」などは，より単純なカテゴリーである「教師」や「警官」に，「女」という標を付加してサブカテゴリーを作ります。標がつかない「教師」や「警官」は**無標の**（unmarked）表現と呼びます。

◎ man と woman ── 日本語の「男」と「女」は少なくとも表現上は対等ですが，英語の man と woman は対等ではありません。woman は man に wo- の標がついた表現なのですから。この wo- は，かつての wif-（女の）（今日の英語の wife（妻）に形をとどめる）の現代形なので，woman とは「女の人」という意味です。

他方，man は「人」であり「男」です。確かに言語表現上は対等とは言えませんね。

◎ フェミニズムの一面 ── 一部の戦闘的フェミニストは，woman が man のサブカテゴリーであると明示する現在のつづり字にがまんできないようです。そこで女性の単数形を womon，複数形を womyn と綴る案が提案され，一部で実践されています。

しかし，そうするとこの問題は，明らかに woman のみにとどまらず，male に対する female なども無傷ではすまなくなります。決着にはまだかなり時間がかかりそうです。

◎ ことば狩り ── そのとき問題となりそうなことを2つ指摘しておきます。

まずは man です。ジェンダーニュートラル（ジェンダーに関して中立的）な表現を求める立場からすれば，man が「人，人間」でありかつ「男」をも意味する点も，問題視しなければならないでしょう。この場合は，もはやつづり字の改変ではおさまらず，意味の改変に着手しなければなりません。

意味の変更は困難なので，その解決法のひとつとして，「人，人間」を意味するときは，なるべく man を避けて，最近では human (being)，person，people を用いる頻度が高いようです。

もうひとつは行き過ぎの問題です。有名な例が history です。歴史を意味するこの語を his と story の合成と曲解して，「歴史」=「彼の物語」の図式がやり玉に挙げられました。言うまでもなく，これはヒストリー問題ではなくヒステリー症状です。history はフランス語の histoire（物語，歴史）から来た語で，英語の his（彼の）とはまったく無関係です。

女性が活躍した歴史を表す語として herstory（彼女の物語）が提案されたのは，すでにジョークの領域でしょう。

ふり返って，たとえば，日本語の「嫁」などの女偏の問題なども，ことば狩りに走りすぎないように注意する必要があります。

> ◆参考情報◆
> James Finn Garner 作の *Politically Correct Bedtime Stories* は，PC版の童話で，PC のパロディーにもなっていて絶品です。赤頭巾もシンデレラも白雪姫も，そろってびっくりするような大活躍をします。

▶ Review　（　）に適語を補充し，｛　｝から正しいものを選びなさい。

(1) 自然種に属するエレメント（要素）は比較的 ｛均質／雑多｝ なのに対して，名目種に属するエレメントは比較的 ｛均質／雑多｝ です。

(2) PC は（　　）（　　）の略であり，おもに（　　）（　　）（　　）に配慮した表現について用いられます。

◆ 演習 A

(1)「女子会」に対する「男子会」も近ごろ目にします。従来の「飲み会」とどこか違うとこ

ろがあるのでしょうか。用例に基づいてまとめなさい。
(2) 看護婦，看護士，看護師の3者の関係を明らかにしなさい。
(3) 70歳前後の人が，人から"You look young."と言われる場合と，"You look young for your age."と言われる場合とでは，受け止め方はどう違いますか。【語句】for one's age 歳のわりには

◆演習B
(1) 「（乗物に）乗り込む」動作を表す英語表現は2つあります。get on と get in です。この2つの表現は，乗物の種類によって使い分けが行われます。次の乗物を get on と get in のどちらを用いるかによって二分しなさい。また，その使い分けの理由も考えなさい。
　　(a) car, (b) ship, (c) train, (d) bus, (e) plane, (f) truck, (g) helicopter
(2) everyone, anyone, somebody などを受ける代名詞は，現在，(a) he, him, (b) she, her, (c) they, them のどのグループが主流ですか。その理由も考えなさい。
(3) 身障者に対する英語表現，(a) disabled, (b) physically handicapped, (c) physically challenged を PC の観点から比較しなさい。

カテゴリーの定着度（発展1）

次の文章を読んで，なぜ「鼻マスク」という言い方ができたのかを考えなさい。

あれは小学校何年のときだったろう。クラスメートで，マスクのことを「鼻マスク」という子がいた。クラスで一番背の低い女の子である。

みんなで，おかしいと言い出した。言い出したのは，私だったような気がする。

マスクは鼻にかけるものと決まっている。わざわざ鼻マスクとことわることはないじゃないの，と，はっきり言えばいじめたわけである。

彼女は必死に抗弁した。

「でも，うちじゃそういうもの。うちのお母ちゃん，そう言ってるもの」

言いながら，泣き出して，泣きながら帰っていった。

次の日，だったかどうか，はっきりしないが，鼻マスクの女の子は，ちょっと胸を張って，私たちのところへ来た。

「うちじゃね，これ，耳マスクというんよ」

彼女が見せたのは，兎の毛皮を丸く輪にした，耳に当てる防寒具であった。

　　　　　　　　　　　　　　　　　　　　　　　　——向田邦子「マスク」

アプローチ　カテゴリーは固定的ではなく，人によって，状況によってある程度伸縮する性質を持ちます。カテゴリーの弾性の観点から取り組みましょう。

解答 この女の子にとっては，マスクは少なくとも2種類あって，「鼻マスク」と「耳マスク」に分かれます。著者と女の子の間では，同じことばであっても「マスク」の意味がずれていました。女の子にとっては，鼻マスクと耳マスクの上位カテゴリーがマスクだったのです。他方，著者たちにとってはマスクは1種類しかなく，耳に当てる防寒具は別のカテゴリーに属していました。

解説 ◎カテゴリーの再編——女の子には，「マスク」は一般的なカテゴリーを表し，「鼻マスク」と「耳マスク」はそのサブカテゴリーを表したのでしょう。

ただ，「マスク」におけるこの関係は一般的ではありません。だから，女の子は悔しい思いをしたのです。もし「マスクは鼻にかけるものと決まっている」なら，「鼻マスク」というサブカテゴリーは不必要になります。

✓カテゴリーは関心に応じて変わる

カテゴリーは，つねに弾性を秘めています。また，必要に応じて組み替えも可能です。カテゴリーを固定的にとらえてはなりません。たった1種類だと思っていたところに，別の種類が入ってきて，元のものと区別したほうがいいとなれば，カテゴリーが再編されます。

サブカテゴリーの作り方でもっともなじみ深いのは，元のカテゴリー名（マスク）の前に何か特性を表す表現を足す方法です。「鼻マスク」も「耳マスク」もこの方式に従います。

◎名称の先取り——「マスク」は，上位カテゴリーとして，一般に「身体機能を良好に保つために顔の一部を覆うもの」と定義できます。「身体機能を良好に保つために」が加わるのは，「覆面」と区別するためです。

マスクのサブカテゴリーは，ほかに考えられないでしょうか。この女の子の家では「眼帯」は何と呼ばれていたのか知りたいところです。ひょっとすれば「目マスク」だったかもしれない……。しかし，もし私たちが「眼帯」と呼ぶものが，その子の家庭でも「眼帯」と呼ばれていたとすれば，これは矛盾でしょうか。

「鼻マスク」「耳マスク」「目マスク」と3つ揃えば確かにきれいです。が，もし事実が「鼻マスク」「耳マスク」「眼帯」ならば，それはそれで仕方がありません。「眼帯」は，すでに定着したことばとしてその家庭に昔からあったかもしれませんから。

✓先取りの表現は強い

カテゴリー（またはサブカテゴリー）がどこまで広がるのか，どこで止まるのかは，人々の間での暗黙の合意と既存のことばの有無によって決まります。ただ，カテゴリーはいつでも変化する弾性を秘めていることをお忘れなく。

第2章……どこまでいってもカテゴリー

カテゴリーの定着度（類題）

日本語の「姉」と「妹」は，はっきりと分かれたカテゴリーに属すが，英語のsisterはどちらの意味にも使えます。区別する必要があればどうするでしょうか。次の英文を日本語に訳して参考にしなさい。

> When I was a kid, like a lot of little sisters everywhere, I didn't get new clothes very often. Instead I got my big sister's old stuff, her hand-me-downs. I wasn't too happy, but if I complained, my mother inevitably said, "Well, you can take it or leave it."
>
> —— Kay Hetherly, *American Pie*

【語句】instead そのかわりに　old stuff お古　hand-me-downs お下がり　inevitably 必ず　take it or leave it いやならやめればいい

【試訳】子どものころ，どこの家でもそうだが，私はあまり新しい服を買ってもらえなかった。かわりにお姉ちゃんのお下がりをあてがわれた。不満だったけど，文句を言うといつも母に，「いやならやめておいたら」と言われた。

アプローチ　姉妹を区別する表現はいくつかあります。上の英文はその一例です。

解答　日本語の「姉妹」は，一応この言い方も存在するけれども，あまり生活実感になじんだ表現ではありません。「女性のきょうだい」「女きょうだい」という表現すらあるぐらいです。他方，「妹」と「姉」はふつうの表現です。「姉」は「（お）ねえさん」とも言います。

英語のsisterは，日本語の「姉妹」を一語で表したようなものです。年齢の上下を問いません。「姉」か「妹」かを明示する必要に迫られると，姉は elder sister, older sister, big sister, 妹は younger sister, little sister などと表現します。

解説　◎思考の溝――日本語では，血縁関係を表す意味での「姉妹」は，日常的にはあまり使いません。むしろ，比喩的な「姉妹都市」や「姉妹校」のような言い方で多用されます。他方，「姉」と「妹」はよく使われる語なので，それだけ私たちの脳に**深く刻まれた溝**（entrenchment）を形成すると考えられます。「深く刻まれた溝」とは，習慣化した思考経路のことです。ことばの溝です。

✓ことばの溝は私たちを誘導する

そのために，姉妹に関してはつねに姉か妹かが気がかりです。同じことは，英語でたんにsisterと表現されると，姉なのか妹なのかがつい気になるでしょう。そのままでは，どっちなのかがわからないから。どこか気持ちが落ち着かない。姉か妹のどちらかで考える思考経路が，すでに脳のひだ深く刻まれているからです。

◎定着度――「姉妹」や「上の姉妹」や「下の姉妹」などのような複数の語でカテゴリーを示すよりも，一語で「姉」や「妹」と表す方が，当然カテゴリーとしての定着度が高まります。

この点では，英語は日本語の逆であり，sisterの定着度が高く，elder sister や younger sister は複合語なので，どちらかと言うと二次的な表現となります。類題の英文は，姉か妹かをはっきりさせなければならない状況と考えら

れるでしょう。

カテゴリーとサブカテゴリー（発展２）

「赤い鉛筆」と「赤鉛筆」のように，意味が微妙に異なるペアがいくつか見つかります。「赤いちょうちん」と「赤ちょうちん」もその一例です。「鉛筆」や「ちょうちん」のような具象物に限って，できるだけ多く「赤い〜」と「赤〜」のペアを集め，各ペアの意味の違いを一般的に述べなさい。

アプローチ それぞれのペアは，「鉛筆」と「ちょうちん」のサブカテゴリーを表します。サブカテゴリーとしての定着度と意味の特殊化の観点から比較しましょう。「赤〜」の例をいくつか挙げると，赤ペン，赤紙，赤貝，赤毛，赤さび，赤字，赤点，赤トンボ，赤旗，赤札，赤門，赤ワインなど。なお，「赤ちょうちん」は居酒屋を意味します。

解答 名詞をNで表示すると，(a)「赤いN」と (b)「赤N」の形ができます。カテゴリーの観点から (a) と (b) を比べると，いずれもNの類をより限定した種（サブカテゴリー）に分けるが，(a) の限定力は (b) よりも弱い。(a) が表すのは，外面的な観察による類別にとどまるのに対して，(b) は種としての安定感が格段に高く，サブカテゴリーとして独立した存在価値を持ちます。意味も特殊化します。

具体例で確かめましょう。「赤い鉛筆」の「赤い」は，ふつう「鉛筆の持ち手が赤い」の解釈にとどまります。類別化はする（「赤い鉛筆」は「鉛筆」の一種）が，なお外面的な分類です。これに対して，「赤鉛筆」の「赤」は，「鉛筆」のもっとも顕著な特質である「芯」を限定修飾し，有用で安定的な類別化を行います。

この点は，「赤いちょうちん」と「赤ちょうちん」にも当てはまります。「赤いちょうちん」が色彩による分類なのに対して，「赤ちょうちん」は「居酒屋の赤いちょうちん」を意味します。「赤ちょうちん」が「居酒屋」そのものを指すのは，「赤ちょうちん」と「居酒屋」との隣接関係に基づきます。(☞3章2節)

解説 これもカテゴリーとサブカテゴリーの問題であり，またカテゴリーの定着度の問題です。

◎**サブカテゴリーの２つの作り方**——私たちは，ことばによって世界を分類します。分類するとは，私たちの関心に沿って名づけを行うということです。２つの方法があるでしょう。ひとつは，Nに修飾語句をかぶせて下位類を作るという方法。たとえば，「鉛筆」は，「鉛」と「筆」からなるので，それ自身が「筆」の一種であることを明示します。その姉妹にあたるのが「鉄筆」や「万年筆」などです。墨を使う本来の「筆」の使用頻度が落ちれば，改めて「毛筆」という言い方も生じます。これは，いわば間借り方式です。

もうひとつの方法は，「万年筆」を「ペン」と呼んで，まったく別な名称で新しい類を立てることです。間借りではなく，小さいながらも一戸建ての家を建てると考えてください。この新たな類の下に「ボールペン」や「サインペン」などの下位類が集まってきます。これは，「雪」の種のひとつを「粉雪」などとは言わずに，「あ

られ」と呼ぶようなものです。

✓ サブカテゴリーは「間借り」で作るか，「一戸建て」で作るか

◎「近さ」の原則──「鉛筆」に戻りましょう。「鉛筆」をひとつの類と考えると，その下にどのような種が現れるでしょうか。「黒鉛筆」と「色鉛筆」が横に並び，「色鉛筆」のさらに下に「赤鉛筆」などがぶら下がります。ただし，これは，鉛筆の主な機能と直接関係する芯の色に基づいた分類です。

分類は，つねにひとつの基準に従うわけではない，という点に気をつけてください。紙に穴をあけるのに尖った鉛筆を使ってもいいでしょうし，2本あればとっさのときに箸がわりにも使えます。趣味人がいて，鉛筆の持ち手の色と模様に強い関心を示してもおかしくありません。「赤い鉛筆」という表現が意味をもつ文脈の一例は，このような場合でしょう。

ここで次の原則に注目！

✓ 形の凝縮は意味の凝縮

形と意味とが緊密に対応するということです。具体例では，「赤」と「鉛筆」の形の上での近さが，両者の意味的な近さ（結びつきの近さ）を表します。形の凝縮度と意味の凝縮度とが対応するということです。

これに関して少し補足しましょう。まず，「形の凝縮」はどこまで進むでしょうか。「カラーテレビ」が当たり前になれば，たんに「テレビ」で間に合います。裸のNで十分だという判断です。逆のパタンが「ケータイ」です。こちらは，修飾部のみが残りました。文脈があれば，「赤鉛筆」を意図して臨時に「赤貸して」とも言えるでしょう。

なお，〈形の凝縮は意味の凝縮〉の原則は，絶対的なものではありません。「赤い羽根」は，そのままの形で「赤色の羽根」と「共同募金の赤い羽根」の両方を意味します。意味的に凝縮度の高い後者を「赤羽根」と呼んでもよさそうなのに，実際にはそのような言い方はしません。ことばは，ときに気まぐれです。

カテゴリーとサブカテゴリー（類題）

日本語では，(1b) と (1c) のように，意味範囲が異なるペアがいくつか見つかります。他方，英語の場合は，「赤い〜」と「赤〜」のような形の区別ができません。では，英語は，どのようにして日本語のペアに見られるような微妙な意味の差を表すのでしょうか。

(1) (a) a red pencil
    (b) 赤い鉛筆
    (c) 赤鉛筆

(2) (a) a red candle
    (b) 赤いロウソク
    (c) 赤ロウソク

アプローチ 中型の英語の辞書を引いて，そこに辞書項目（見出し語句）として登録されている red で始まる表現を集めましょう。そして，その意味・形態・音韻的特徴を調べなさい。

解答 a red pencil は，「赤い鉛筆」とも「赤鉛筆」とも対応します。しかし，a red candle

は「赤いロウソク」のみを意味します。

　もし「赤ロウソク」とそれに対応する英語表現があるとすれば，それは「ロウソク」のサブカテゴリーとして永続的な存在価値を持つものでなければなりません。一部のサークルの儀式・儀礼などにおいて，限定された意味で用いられる「赤ロウソク」があっても，一般的ではないでしょう。

　a red pencil の解釈については，形態と意味との関係をまず見ましょう。healthy food と health food との意味の違いが参考になります。それぞれ「健康によい食品」と「健康食品」を意味します。「健康食品」の方が意味的制限の厳しい表現です。野菜であっても，有機野菜でなければならないというように。

　「赤鉛筆」や health food のように，名詞が連続して一体になった形を複合名詞と呼びます。一語に近いステータスです。a red pencil が「赤い鉛筆」と解釈されるときは，「形容詞＋名詞」の内部構造を持ち，「赤鉛筆」と解釈されるときは，「名詞＋名詞」の内部構造を持つと考えられるでしょう。

　つぎに，音韻的特徴に注目すると，「名詞＋名詞」の内部構造を持つ複合名詞は，一般に，第一名詞に第一強勢が置かれます。これは，the White House（ホワイトハウス）と a white house（白い家）の違いに明らかでしょう。前者は White に，後者は house に第一強勢が置かれるからです。ホワイトハウス型の表現には，redbreast（胸が赤褐色の鳥の総称），redcap（赤帽），redcoat（旧英国兵），red-eye（夜間飛行便，写真の赤目），redhead（赤毛の人）などがあり，形態的にも一語でつづられることが多いようです。

　結論としては，英語にも「赤いN」と「赤N」との区別があると言えます。ただし，その手段は，日本語と同じではありません。英語では，大文字を用いるという方法もあります。

解説　◎**内包と外延**――類と種の関係は，別の言い方をすると，意味の伸縮現象です。ここでは「赤（い）」や red などの修飾語句を足して意味範囲を限定する場合を見ました。これを**内包**(connotation, intension) と**外延**(denotation, extension) の用語で言い換えれば，内包（意味内容，特性の束）が豊かになればなるほど外延（集合）は小さくなるという反比例の関係にある，と言えます。つまり，修飾語句を足せば足すほど，それによって指し示されるカテゴリーのメンバーは減るのです。「鉛筆」より「赤鉛筆」の方が，内包（「赤」と「鉛筆」）は豊かなのに，外延は小さいことがわかるでしょう。

◎**書記法とアクセント**――英語は，「赤い」を red で表現するしか仕方がないので，残された手段は，書記法とアクセントによって区別することに絞られます。両者を組み合わせると，(i) redN（red のみに第一アクセント），(ii) red-N（red のみに第一アクセント），(iii) red N（red と N の両方に第一アクセント），(iv) red N（N に第一アクセント）の4種が区別できます。ただし，個々の表現がこの4種のどれに属するかの判断は，辞書によって多少のばらつきがあります。確かなことは，(iv) から (i) へと順に段階が上がるごとに種としてのステータスが高まり安定するということです。

　(i) と (ii) の例は解答で示しました。(iii) のアクセント表示は，簡便な辞書は採用されずに，(iv) のアクセント表示で間に合わせます。中型や大型の辞書は，(iii) の例として the Red Cross（赤十字）や red card（サッカーのレッドカード）などを挙げます。the Red Cross は，大文字を利用して種としての存在を確実にして，かつ，文字通りの「赤い十字」の意味も保ちます。red card は，最近のインターネットでは，redcard やベンチャー企業風の RedCard

の表記も見かけます。いまの動きが伝わってくるでしょう。(iv) の例は，ふつうの「形容詞＋名詞」の組合せに見られます。「赤い旗」は，(iv) のアクセントで red flag です。(iii) のアクセントなら，革命旗の「赤旗」や危険信号としての「赤旗」を意味します。これは，「赤 N」の仲間です。

▶ Review （　）に適語を補充し，｛　｝から正しいものを選びなさい。
(1) カテゴリーは｛絶対的／相対的｝ではありません。
(2) 脳に深く刻み込まれたことばの溝は，習慣的な｛伝達経路／思考経路｝として私たちを｛誘導／排斥｝します。
(3) 形の凝縮は（　　）の凝縮です。
(4) 内包と外延は｛正比例／反比例｝します。

◆演習 A
(1) 「赤ちょうちん」と「赤いちょうちん」はともに問題ありません。しかし，「赤信号」に対する「赤い信号」はふつう言わないはずです。逆に，「赤いリンゴ」はふつうの表現なのに，「赤リンゴ」はふつう耳にしません。その理由を考えなさい。
(2) fog, mist, haze は，ある意味領域をどのように「住み分け」ますか。

◆演習 B
(1) electronic mail が e-mail へ，さらに email に変化したのは何を意味しますか。
(2) 英語で年齢を問うときは，How *old* are you? と言って How *young* are you? とは言いません。このときの old は，どのような意味を持ちますか。類例があればそれも挙げなさい。

3節　プロトタイプ

カテゴリーと**プロトタイプ**の関係が重要ポイントです。

❶古典的な見方

たとえば，「少年」を〈人間かつ男性かつ子ども〉と定義づける場合を考えましょう。この3つの特徴——その一つひとつを**素性** (feature) と呼びます——のすべてを満たすものが「少年」であり，そのうちのひとつでも満足できないものは「少年」ではない……と，判断していいでしょうか。

3つの素性を順に点検すると，まず，〈人間〉。ある対象が人間であるかどうかは，あいまい

性がなく瞬時にわかるように思えても，クローン人間の場合や高性能のロボット，サイボーグ，ミュータントなどの登場で，人間と非人間との間を明確に区分けできるとはかぎりません。

次に〈男性〉。日常的にはほぼ明確に〈女性〉と区別できそうです。が，それでも性の同一性があいまいになる場合もあります。生物界にも雌雄同体の生き物が存在します。

最後の〈子ども〉はどうでしょうか。〈人間〉と〈男性〉の素性と比べると，うんと幅がありそうです。どこまでが子どもでしょうか。明確に定めることはできるでしょうか。ちょっと無理ですね。

古典的な見方ではあるエレメント（要素）があるカテゴリーに入るかどうかは，1か0のように，あるいは○か×のように，はっきりと定まり，そのカテゴリーに属するエレメントは，すべて同質であると想定されました。

❷プロトタイプ

認知言語学では，古典的な二項対立的な素性——たとえば，〈子ども〉であるかないか，その中間はない——ではなく，**特性**（attribute）の束によってカテゴリーをとらえます。特性は弾性に富んだ特徴づけであって，同じ〈子ども〉という概念であっても〈らしさ〉の幅を認めます。

これによって，「少年」のカテゴリーを考えるときも，いかにも少年らしい少年——これを少年のカテゴリーの**プロトタイプ**（prototype）と呼びます——が中心にいて，周辺には，たとえば，妙におとなびた少年や老成した少年がいたりすることになります。「万年青年」に対応する「万年少年」も排除しません。カテゴリーの内部は均一ではないということです。**中心**があって**周辺**があるという仕組みです。

「車」のカテゴリー（基本1）

「車」はどのようにカテゴリー化されますか。その中心と周辺を定めなさい。

アプローチ　車のカテゴリーのプロトタイプ（典型例）はどのようなタイプでしょうか。また，その周辺部にはどのようなタイプの車が位置づけられますか。

解答と解説　◎カテゴリーと観点——あるカテゴリーの類と種の関係を考えるとき，その関係が客観的に定まると考えてはいけません。類と種の関係を問題にするとは，要するにあるカテゴリーをいくつかのサブカテゴリーに分類するということです。しかし，この分類にはあらかじめ一定のルールがあるわけではありません。しばしばいくつかの異なった分類が可能です。

車を分類するとき，ふつうセダン，スポーツタイプ，SUV，トラック，けん引車などが思い浮かびますが，これはあくまで車の分類の一例——代表的な一例——です。ほかにも，ガソリン車，ハイブリッド車，電気自動車などの分類や，大型車，中型車，小型車という区別や，国

産車と外車の二分法などがあります。自家用車，営業車，公用車という区分けもあります。これまでも繰り返し述べてきた重要な点です。

✓ 分類はある観点から行う

分類には人間の**関心**が働くということです。セダン，スポーツタイプなどの分類は，おもに用途の**観点**からの分類です。エコの観点や大きさの観点からの分類も上に挙げました。カテゴリー分類は観点によって異なるのです。この点はカテゴリーの本性をよく表します。

◎**用途の観点からの分類**──多くの人が合意できる分類は，セダンが車のプロトタイプであり，トラックは周辺部寄りで，けん引車は周辺部に位置するというものでしょう。もちろんマニアの意見は異なってもいいのです。

また，別の観点から車のプロトタイプを求めることもできるでしょう。たとえば，エコの観点からみると，いまならハイブリッド車がプロトタイプかもしれません。ただし，近い将来には，電気自動車がクリーンでエコな車の代表（プロトタイプ）になるかもしれないですね。

周辺例の所属（基本２）

パンのカテゴリーとケーキのカテゴリーの周辺例は，部分的に重なると考えられます。具体例をいくつか探して，なぜそれらが両カテゴリーに共通な周辺例だと言えるのかを説明しなさい。

アプローチ パンとも言えるケーキとも考えられるという周辺例を探しなさい。パンだとしてもケーキっぽいパン，あるいはケーキだとしてもパンっぽいケーキというように，両カテゴリーにまたがって属していそうなものです。

解答と解説 ◎**カテゴリー周辺**──カテゴリーの境界線は，しばしばはっきりしません。中心は濃くはっきりしていても，周辺はぼんやりかすんでいるということはよくあります。

ケーキのカテゴリーなら，ショートケーキやデコレーションケーキが中心部を占めます。では，周辺部はどこまで広がるでしょうか。かなりの揺れがあるでしょう。

ここにもカテゴリーの重要な特徴が現れます。

✓ カテゴリーの周辺部はしばしば明確に区切れない

ケーキのプロトタイプ（中心的なサブカテゴリー）は，おそらくケーキ屋さんの真ん中を占めるものでしょうし，周辺例は目立たない場所にやや遠慮がちに置かれるように思います。確かめてください。

◎**交わり**──ケーキとパンの共通な周辺例の代表は，スコーンやマフィンです。次いでホットケーキ（別名パンケーキ）とドーナツ。（カステラを思いついた人もいるかもしれませんね。）スコーン，マフィン，ドーナツは，ケーキ屋さんとパン屋さんの両方で見かけます（ドーナツとクロワッサンの融合した「クロワッサンドーナツ」，略して「クロナッツ」なる新種も最近現れたそうです）。

もちろん，ドーナツは多様化してケーキでもパンでもない，独立した第３のカテゴリーだとの声も聞こえます。しかし，あんドーナツは，

まだまだパン屋さんの定番のひとつです。

スコーンとマフィンは，問題なくケーキとパンの共通した周辺例です。ホットケーキもそう見なしていいでしょう。家庭では朝のパンの代役となり，また3時のおやつにもなります。

スコーンとマフィンが両者の境界例だと言えるのは，まず食感です。ケーキよりしっかりした歯ごたえがあり，この点はパンに近い。しかし，相当量のバターと砂糖などを使うので，味はケーキ寄りです。また，英国圏などでは，午後の紅茶と共に食べられることが多く，スコーンにジャムなどをつけたりするのはパンの特性と重なります。

ホットケーキが別名パンケーキ（pancake）であるのは，表現の上でもパンとケーキの融合形になっていておもしろい！　そう言えば，bookだかmagazineだかはっきりしないものを見かけますね。mookと呼ばれます。

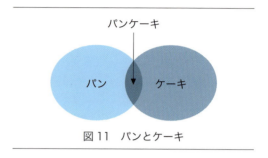

図11　パンとケーキ

野菜と果物（類題）

野菜と果物の共通した周辺例を探しなさい。そのように判断する根拠も示しましょう。

アプローチ　野菜と果物のどちらのカテゴリーに分類してもよさそうな物は何でしょうか。

解答と解説　これは簡単に答えがでますね。そうです，トマトが共通の周辺例です。

植物学的な分類は別として（ナス属のようです），私たちの日常的な感覚としては，トマトは野菜と果物の両方の特性を備えると感じられます。

日本ではかつて唐柿(とうし)と呼ばれたことがあり，これは見た目が柿に似ていたからでしょう。また，赤茄子(なす)とも呼ばれました。これも，単純に茄子に似るが色は赤いことを名づけの根拠にしたと思われます。一方は果物に，他方は野菜に見立てられたのがなかなかおもしろい。

トマトが果物の周辺例だと考えられる理由としては，第1に，赤く熟した旬のトマトの味が挙げられます。あのジューシーなほとばしるおいしさは，果物の仲間に入れたくなります。第2に，フルーツトマトという品種があって，ふつうのトマトよりは小ぶりだが甘い。種名に「フルーツ」を冠するのも納得できます。

逆に，野菜の周辺例とみなせる理由もあります。ひとつには，あの独特の青臭さ。このために，残念ながら一部の人にとっては，ピーマンと並んできらいな食べ物の代表格とされるようです。あれは確かに野菜のにおいでしょう。また，サラダとして，ドレッシングなどをかけて食べる点も，野菜寄りとの判断に影響を与えるかもしれません。

ほかにも，あれこれと理由を考えてください。アボカドはどうでしょうか。

▶ Review （　　）に適語を補充しなさい。
(1) カテゴリーは類を表し，エレメント（要素）はカテゴリーに属する（　　　）を表します。
(2) カテゴリーの下位類に相当する種を（　　　）と呼びます。
(3) カテゴリーに属するエレメントは，しばしば均一ではなく，（　　　）的なものと（　　　）的なものがあります。

◆演習A
(1)「マグカップ」のプロトタイプをことばで特徴づけなさい。
(2) 動物の「ラバ」と「レオポン」はどのような特徴を持ちますか。

◆演習B
(1) 日本語の「ショートケーキ」をことばで特徴づけなさい。
(2) 焼き鳥屋でまずモモを注文したところ，「きょうはモモを切らしてまして……」と言われて客は顔を見合わせました。どんな表情が浮かんだでしょうか。その理由も推測しなさい。

カテゴリーの広がり（応用1）

girl のカテゴリーはどこまで広がりますか。

アプローチ　girl を単純に「少女」に置き換えて理解するのは危険です。girl の意味範囲をいくつかの英語の辞書で調べましょう。

解答　少女，女の子，10代（前半まで）の女性；（親子関係の）若い娘；（比較的若いおとなの女性を指して）女の子（◆ときに不快感を与える）

解説　girl は，小さな女の子から大人の女性までの幅広い層を指すのに用いられるが，中心は10代半ばまでの若い女性をターゲットとします。おとなの女性を girl というのは，日本語の「（職場などの）女の子」と似ていて，女性をやや子ども扱いするような響きがあります。office girl（OL，女子事務員）は office clerk に，factory girl（女子工員）は factory worker のように言い換えるのが望ましいでしょう。PC に関わります（☞2節応用2）。なお，「若い女性」は young woman で表すのがふつうです。

カテゴリーの広がり（類題）

カラスは黒いものです。では，羽の色が白くてカラスっぽい鳥が見つかれば，それは即座にカラスでないと判断していいでしょうか。

アプローチ 古典的なカテゴリーのとらえ方をするのか，プロトタイプ的なカテゴリー観に従うのかによって判断が異なります。

解答 プロトタイプ的なカテゴリー観に立つと，白い羽の鳥であっても，カラスのその他の特性を相当程度共有していれば，カラスの周辺例として受け入れることができます。

解説 ◎対偶命題とは？——「AはBである」の命題を裏返すと「BでないものはAでない」となります。これを**対偶命題**と呼びます。元の命題の真偽と対偶命題の真偽は論理的に完全に一致します。両者は同値です。

◎**古典的カテゴリー観**——「すべてのカラスは黒い」の対偶命題は，「黒くないものはカラスでない」です。この対偶命題に従えば，白い羽の鳥はカラスでないことになります。つまり，カラスのカテゴリーには入れません。「白いカラス」は明白に矛盾です。

この考え方は，古典的なカテゴリー観をよく表します。カラスの素性のひとつとして「黒い」を認定して，カラスの他の素性をすべて満たし，かつ，この「黒い」の素性を持つもののみをカラスに含め，そうでないものはすべて排除するという判断です。

◎**認知的な見方**——これに対して，認知的（プロトタイプ的）なカテゴリー観では，カラスのさまざまな特性を認定したうえで，その特性をもっとも多く備えるものをカラスのプロトタイプ（典型）とみなして，共有する特性が少ないものをその周辺例とみなします。この判断に従えば，色白ではあるがカラスの他の特性を十分に備えたものは，カラスのカテゴリーに含められます。ただし，典型例だとは見なされません。「白いカラス」はカラスの周辺例として存在できます。

◎**論理学と経験基盤主義**——論理学（または古典的カテゴリー観）に従えば，「すべてのカラスは黒い」と「黒くないものはカラスでない」は，同じ内容の裏返し（同値）です。したがって，「すべてのカラスは黒い」の真偽を確かめるためには，対偶命題の「黒くないものはカラスでない」の真偽を証明すればいいことになります。

では，「黒くないものはカラスでない」を証明するにはどうすればいいでしょうか。「黒くないもの」を片っ端からチェックしてみることでしょう。

真っ黒の炭を持ってきて，「これはカラスでない」と言ってもダメです。黒くないものに限定されるのをお忘れなく！　そこで，ミカン。確かに黒くなく，カラスではない。このようにして世の中の「黒くないもの」を次々と調べていくと……。

もうお気づきでしょう。こんな探索はきりがない。世の中の「黒くないもの」は膨大な数にのぼり，とても調べ尽くせません。「黒くないものはカラスでない」という対偶命題は，経験的に確かめようがないのです！

ということは，「すべてのカラスは黒い」の真偽も確かめられないことになります。古典的なカテゴリー観を脱して，プロトタイプ的なカテゴリー観に立つと，このような困難を避けら

〈yes か no か〉か〈more か less か〉

〈yes か no か〉は古典的カテゴリー観を象徴し，〈more か less か〉はプロトタイプ的なカテゴリー観を特徴づけます。カラスかカラスでないかをスパッと切り分けるのが古典的立場であり，よりカラスらしいとよりカラスらしくないという典型性の度合いを考慮するのが，プロトタイプ的なカテゴリー観です。

なお，白いカラスはその実在が確かめられています。

ヘッジ表現（応用2）

「広義では」「狭義では」「広い意味では」「狭い意味では」などの表現は，どのような役割を果たすのでしょうか。また，これに似た働きをする表現はほかにありますか。

アプローチ カテゴリーの範囲を調節する表現がいくつかあります。範囲を拡大する表現と縮小する表現に分けて考えましょう。

解答 「広義では」「広い意味では」は，カテゴリーの範囲を広げる役割を果たします。あるカテゴリーの周辺例の外側にあったものを，周辺例として内側に取り込む働きをします。たとえば，クジラは哺乳類であっても，「広い意味では魚だ」と言えます。

逆に，「狭義では」「狭い意味では」は，カテゴリーの範囲を中心寄りに絞り込みます。そのことによって，周辺例（らしきもの）をそのカテゴリーから排除する役割を果たします。たとえば，「狭い意味ではコウモリは鳥ではない」のように用います。

解説 ◎**ヘッジ表現**——カテゴリーの範囲を調整する表現を**ヘッジ表現**と呼びます。ヘッジ (hedge) とはそもそも「垣根，生垣」のことで，カテゴリーを取り巻く囲いという意味です。カテゴリーを広げたり狭めたりする調整役です。

（☞ 6章2節発展1）

ヘッジはカテゴリーの調整役

このような表現が存在すること自体が，カテゴリーの弾性を証明してくれます。カテゴリーは，すでに述べたように固定したものではなく，再編や組み換えの可能性にいつも揺れ動くと考えましょう。

◎「厳密に言うと」の役割——「厳密に言うと」もヘッジ表現のひとつです。このヘッジは，カテゴリーの調整にどのような働きをするでしょうか。ゆっくりと考えましょう。まず次の例を見てください。

　　(a) 厳密に言うと，コウモリは鳥ではない。
　　(b) 厳密に言うと，地球は球ではない。

(a) と (b) のような例が思い浮かびやすいのではないでしょうか。「厳密に言うと，AはBではない」は，カテゴリーBの周辺例を厳しめに査定して，周辺例Aを排除します。そうすることによってカテゴリーBの境界線を狭く確

定しようとします。

しかし，「厳密に言うと」は，必ずしも「…でない」の否定を伴うわけではありません。次の例を見ましょう。

　(c) 厳密に言うと，それは間違いです。
　(d) 厳密に言うと，それは違法です。

それぞれ，「それ」を「間違い」と「違法」のカテゴリー内に取り込もうとする判断を示します。

こう見れば，「厳密に言うと」は，周辺例に着目して，カテゴリーの境界線を明確に区切る合図をするヘッジだと考えていいでしょう。

なお，「厳密に言うと」の逆の，「大ざっぱに言うと」は，周辺例の外側付近に着目して，カテゴリーの境界線を外側に向かって押し広げる働きをすると考えられます。

◎「とりわけ」の役割──では，中心部の典型例を際立たせるヘッジはないでしょうか。「とりわけA」「Aの中のA」「Aは言うまでもなく」などの表現があります。これらの表現も，カテゴリーがけっして均質でないことを表します。

ヘッジ表現（類題１）

次の例の中で容認度が低い（表現としておかしい）文を指摘して，その理由を述べなさい。

(a) *Strictly speaking*, a whale is not a fish.
(b) *Strictly speaking*, a bat is not a fish.
(c) *Loosely speaking*, a telephone is a piece of furniture.
(d) *Loosely speaking*, a sofa is a piece of furniture.

【語句】strictly speaking 厳密に言うと　whale クジラ　bat コウモリ　loosely speaking 大ざっぱに言うと　furniture 家具

アプローチ　基本的には，対応する日本語の「厳密に言うと」「大ざっぱに言うと」の用法と同じです。

解答　(b) と (d) の容認度が低い。ただ，理由は異なります。まず，(a) と (b) の Strictly speaking は，カテゴリーの周辺例に適用される表現です。(a) のクジラは，海で泳ぐという点で魚の周辺例と見なせる可能性があります。それを厳しく評価して否定するのが (a) の表現なので，(a) は問題ありません。

(b) のコウモリは，魚のカテゴリーとまぎれる心配は元々ありません。周辺例ではなく，明らかに圏外。周辺例でないコウモリに，周辺例を対象にする Strictly speaking が適用されるので，(b) の容認度は著しく低下します。

(c) と (d) の Loosely speaking（大ざっぱに言うと）も，周辺例に適用される表現です。(c) の電話は，家具の周辺例なので問題ありません。

(d) のソファーは，家具のカテゴリーのプロトタイプ（典型）です。これは，(b) のコウモリが魚のカテゴリーの圏外だったのと対照的です。ただ，典型例も圏外例も，周辺例でないという点で共通します。周辺例に適用される Loosely speaking が典型例のソファーに適用されたために，(d) の容認度がかなり落ちるのだと説明できるでしょう。

解説 ◎**ヘッジの種類**——ヘッジ表現は種類が意外と多いです。英語の例をいくつか挙げます。カッコ内の日本語からその広がりを推測してください。

sort of（ちょっと），kind of（ちょっと），more or less（だいたい，どちらかというと），roughly（概して），pretty (much)（かなり），somewhat（やや），technically（専門的には），essentially（本質的に），basically（原則として），principally（主として），par excellence（とりわけ，とくに優れて），largely（おおよそ），especially（とくに），in a sense（ある意味で），in a real sense（本当に），in a way（ある点では），a true ...（真の…），practically（実際上），-like（…っぽい），pseudo-（準…）など。

◎**ヘッジとしての another**——上記のほかにも，たとえば，another には次のような用法があります。

(e) He is *another* Einstein.
（彼はアインシュタインの再来だ）

アインシュタインは固有名詞なのでカテゴリーではありません。それが another の付加によって「アインシュタインのような優れた科学者」というカテゴリーが形成され，「彼」はそのプロトタイプと解釈されます。「現代のアインシュタイン」と訳してもいいでしょう。

◎ **salad-salad**——また，特定の語を繰り返してその語のプロトタイプ的意味を際立たせる表現があります。

(f) You can make the tuna salad, and I'll make the *salad-salad*. （ツナサラダを作ってくれたら，私はふつうのサラダを作るわ）

salad のカテゴリーの中で，いかにもサラダらしいサラダ，サラダ中のサラダを表すのが salad-salad です。tuna salad（ツナサラダ）でもなく，fruit salad（フルーツサラダ）でもない，サラダのプロトタイプを指します。この用法はサラダ専用ではありません。たとえば，a party party は「いかにもパーティーらしいパーティー」。

ヘッジ表現（類題２）

最近よく耳にする「私的には」の用例をインターネットでできるだけたくさん集めて，カテゴリーの観点からその用法を分析しなさい。

アプローチ ポイントは「…的には」の部分です。「的」の意味・用法を国語辞典であらかじめ調べておくと便利です。また，ネット観察では，「私的には」と結びつきやすい表現がないかどうかも確かめましょう。

解答 「私的には」は，「私」と「は」の間に「的に」のクッションを入れることによって，全体として判断・責任などの所在をぼかす表現のひとつです。

「私は」と比べると，「私的には」は明らかにぼかし効果が感じられます。意味は「個人的には」に近く，「あくまで私ひとりの思いだが」というニュアンスを伝えます。「個人的には」はヘッジ表現でしょう。相手に自分の考えを押しつけたり，共感を求める姿勢を和らげることを狙い，便利な表現ですが，逃げの姿勢が感じられます。

解説 ◎「**的**」**の用法**——ひとつは，おもに漢

語の「科学的」「機械的」「比較的」のように、「…に関する」「…の傾向がある」「…の状態の」などの抽象的な意味を表します（『明鏡』2版）。もうひとつは、若者ことばに現れる用法であり、「…的に（は）」の形をとって、全体としてやや腰が引けたぼかし効果を狙う用法です。「に」は場所表現であり、これも責任主体を背景化する働きをするでしょう。

◎ぼかし効果——「私的には」以外にも、「気持ち的には」「給料的には」「味的には」などのように広く見られます。また、人称に関しても「私的には」のみならず、「彼女的には」「…さん的には」などにも広がります。

あまり使いすぎると、もうほとんどぼかし効果がなくなって、単なる口ぐせのように思える場合も見られます。

それでも、典型例の「私的には」に限って観察すると、わかることがあります。実例で多く見られるのは、「私的には…と思いますが」「私的には…と思ったのですが」「まあ、私的には」「私的には…と感じないのですが」「私的には…の方が好きかな」「私的にはよくわからんのですが」「私的には…好きなんですけど」「私的には…の気がします」「私的には…がお気に入りなんだけど」「私的には…が欲しいな、と」「私的にはちょっと」「私的には構わないのですが」「私的には…したかったのに、あてがはずれたというか」……のようなパタンです。

つまり、何らかの形で断定を避ける表現との相性がいいということです。

◎ぼかし表現——日本語のぼかし表現は、いまに始まったことではありません。むしろ、以前から日本語の重要な特徴として挙げられるほどです。「私が説明します」を「私から説明させていただきます」のように言い換えるのも、ぼかしの一例です。「私から」に「本当の責任者に代わって」という言外のニュアンスを嗅ぎとってください。

同じ「から」であっても、「千円からお預かりいたします」は、近ごろレジでよく耳にする表現ですね。ちょうどの金額を支払っても、この「から」が聞こえます。

このほか、「っていうか」「とか」「みたいな」などは、いずれも断定を避けて立場をはっきりさせない働きがありそうです。英語的に言うと、コミットしない的な表現みたいな感じ、っていうか……。

▶ Review （　）に適語を補充しなさい。

(1) カテゴリーの見方は2つあり、古典的な見方はyesかnoで所属を切り分け、認知的な見方では（　　　）か（　　　）かで判断します。

(2) カテゴリーのもっとも中心にある要素を（　　　）と呼びます。

(3) ヘッジ表現の役割は（　　　）の調整です。

◆演習A

(1) 次の3種のカテゴリーに属するものを典型性の高い順に並べましょう。

 a.〔鳥〕bat（コウモリ）, robin（コマドリ）, eagle（ワシ）, penguin（ペンギン）, duck（アヒル）

 b.〔野菜〕celery（セロリ）, onion（玉ねぎ）, pickle（ピクルス）, carrot（ニンジン）,

　　　　parsley（パセリ）
　c.〔家具〕piano（ピアノ），sofa（ソファー），telephone（電話），television（テレビ），bed（ベッド）
(2) 法律上の罪に問われるような「殺人」行為にも中心と周辺があるでしょうか。あるとすれば，典型的な殺人と周辺的な殺人の例を考えなさい。

◆演習B
(1) 「殺人は殺人だ」という同語反復（トートロジー）が意味をもつ場面を考えなさい。（☞6章2節応用演習A（2））
(2) glow の「光」を実例に基づいて特徴づけなさい。「光」ですから，「色」や「熱」も関係します。その上で，The cigarette *glowed* in the dark. のような例は，glow が使われる典型例かどうかを判断しなさい。

カテゴリーの弾性（発展1）

アメリカ英語の drugstore は何を売る店ですか。

アプローチ　英和辞典や英英辞典で drugstore の意味を調べましょう。drug の語が入るので，薬は売っているだろうが，そのほかの品物も売っていそうです。インターネットの画像検索でも確かめましょう。

解答　薬，化粧品，洗面用品を中心にして，タバコ，本，雑誌，スナック菓子，雑貨なども売っています。カウンターでの軽食を提供する所もあります。

解説　◎カテゴリーの範囲——drugstore は drug と store の合成ですが，一語としての全体の意味は，必ずしも部分の意味の総和ではありません（☞5章3節）。drugstore で売る物をひとつのカテゴリーと考えると，それはどの範囲にまで広がるでしょうか。

まず，薬ははずせません。次に英英辞典が挙げるのは toiletries（toiletry の複数形）です。これをとらえて英和辞典の中には，「化粧品」と訳すものがあります。が，もっと広い概念です（toilet も「トイレ」に限りません）。日本人なら，たとえば，歯ブラシを化粧品には含めないでしょう。しかし，これも toiletries のカテゴリーに入ります。化粧品以外にも洗面用品（石けん，歯磨粉，ひげ剃りクリームなど）もそこに含まれます。

このほか，タバコ，本，雑貨なども売っています。飲み物・軽食を出す店もあります。カウンターがあって，そこに soda fountain（炭酸水などのサーバー）が備わるのです。

◎はっきりしないカテゴリー——問題は，これらの雑多な物をひとまとめにするカテゴリー名があるのかという点です。

drugstore で売る品物を的確にとらえるカテゴリー名は，容易に見つかりそうにありません。要するに，薬を買い求める客がついでに買いそうな品物，というほかに手はなさそうです。もっ

とも簡単に言えば、「薬など」です。これでは身も蓋もないと感じるなら、「薬や（それに関連する）日用雑貨」でどうでしょうか。

この一応の解答というか結論は、カテゴリーの問題に対して何を意味するでしょうか。2つのことに注目しましょう。

◎まとめにくいものがある——ひとつは、世の中のすべてのこと、私たちが関心を向けるすべてのものが、整然とカテゴリー分けされるのではないということです。

見向きもされない類（見向きもされないので、当然それを名指す日常的なカテゴリー名もない）、ある程度見向きはされても、あえてカテゴリー名を与えるほどでもない類（drugstoreの雑多な品物の類はおそらくこれに近い）、最後に、私たちの利害に大なり小なり関わるので、カテゴリー名が与えられる類があります。

◎裏ワザのカテゴリー——もうひとつは、これまでの「動物」「哺乳類」「犬」などのカテゴリー名とは異なる方式のカテゴリー名が存在すると考えてよさそうな点です。正式なカテゴリー名というより、臨時の、場合によってはその場しのぎのカテゴリーを表す方式と言っていいのかもしれません。「Xのような人」「Xのような物」「Xのような事」という形です。あるいはこう言いましょう。「Xおよびその仲間」と。Xには、ふつうその（臨時）カテゴリーの代表例（プロトタイプ）が入ります。「薬など」は、この方式に似ています。これでなんとかカテゴリーを表せることを確かめてください。

カテゴリーの中心と周辺（発展2）

日本語の色彩名のカテゴリーには、赤・黄・青・緑・茶・紫・ピンク・オレンジ・白・黒・灰などがあります。これらの中で中心的な基本色はどれでしょうか。意味的・形態的特徴を手掛かりにしてつきとめなさい。たとえば、「赤」と「茶」を「～い」の型に当てはめると、次の違いが明らかになります。

(a) 赤い
(b) *茶い

アプローチ 一般に、制約の厳しいものは中心的なものではないと言えそうです。意味的判断に加えて、様々なテストフレームを独自に考案しましょう。

解答 まず、意味的には、本来の色彩名と見なせるものは、赤・青・白・黒です。黄・緑・茶・紫・灰は、程度の差はあっても、物の名前です。色彩名としては二次的な利用でしょう。また、ピンクとオレンジは外来語なので、日本語の基本色ではありません。

次に、フレームで考えます。まず「～地」から。「赤地」「青地」「白地」「黒地」と言えます。ほかの色は、「ピンク地」を除いて不自然です。「～い」の形容詞形では、赤青白黒は問題ありません。「黄色い」「茶色い」は「色」を補足しなければなりません。その他は、「～い」も「～色い」も受けつけないことを確かめてください。

さらに、色彩の典型例を示す「まっ～（な、の）」の枠では、赤青白黒がやはり問題ありません。「まっ黄」は可能（ふつう「まっ黄っ黄」）

ですが、「まっ黄な」「まっ黄の」はまれ。

逆に、個々の色彩の周辺例を示す「〜っぽい」の枠でも、やはり、赤青白黒は自然です。ただし、「緑っぽい」「紫っぽい」「ピンクっぽい」「オレンジっぽい」も可能でしょう。残りの色彩名は、「黄色っぽい」「茶色っぽい」「灰色っぽい」のように「色」を補足しなければなりません。

まだまだフレームが考えられます。「赤みを帯びる」「白みが増す」などの名詞語尾の「〜み」で確かめると、「赤み」「青み」「白み」「黒み」に対して、「黄みを感じる」「黄みがかる」などの「黄み」は頻度が落ちるのがわかります。それ以外の「*緑み」などは不適格です。また、接尾辞「〜さ」については、「*黄さ」は許されず、「赤さ」「青さ」「白さ」「黒さ」の形で、本来の色彩の特徴を際立たせます。

これらのほかに、「〜く（なる）」の枠、「赤々」などの畳語フレームも、基本色を見極めるのに有効でしょう。「赤らむ」「青ずむ」「白む」「黒ずむ」のような動詞形の存在も、有力な証拠となるのではないでしょうか。

安定した基本色は、様々な修飾や語形変化を受けても、なおかつ色彩の微妙な綾を表す力があると言えます。

解説 ◎ことばの恣意性の縦と横——色彩名は、言語学ではとくに意味論的な関心を呼んで、研究の進んだ分野です。かつては、ことばの**恣意性**（arbitrariness）の例としてよく引き合いにだされました。ソシュールが考えた恣意性には、2つの意味があります——縦の恣意性と横の恣意性。縦の恣意性は、音と意味の関係です。たとえば、「イヌ」という音と「犬」という意味には、必然的な関係はありません。「イヌ」と呼ばずに「ドッグ」と呼んでもいいので、音と意味との関係は**恣意的**（arbitrary）だというのです。つまり、必然的な関係がないということです。

ソシュールがより重視したのは、横の恣意性です。音と音、意味と意味の関係も恣意的なのです。意味の恣意性を例証するのに、色彩語が用いられました。虹を考えてください。色のスペクトルは、物理的に完全に連続的です。いくつに切っても、どこで切ってもいいはずです。3色の虹でも、6色や7色の虹でも文句は言えません。切る場所もその数も、必然性はないのですから。（☞6章1節基本1）

◎**色彩名は本当に恣意的か？**——ところが、色彩名は、必ずしも恣意性を例証する好例とは言えないことがわかってきました。

たとえば、ある言語に色彩名が2つしかないとしましょう。すると、その色は、きまって白と黒です（白と黒も色彩と考えておきます）。3色の言語だと、これに赤が加わります。

というように、多くの言語を観察すると、色の出方に一定の法則があることがわかりました。まったくの気まぐれで色彩名が決まるのではなさそうです。恣意的ではなく、そこにはなんらかの**動機づけ**（motivation）がある気配です。

日本語の色彩名も、この線に沿って、白・黒・赤が基本色として選ばれて、その次に青が選ばれました。日本語では、これらはいちおう本来の色彩名と見なしていいでしょう。

もちろん、語源的には、色以前のことまである程度わかっています。たとえば、「赤」は「明」と同根の語と考えられ、「赤」が色の感覚で、「明」が光の感覚です（白川静『字訓』）。「青」は、日本語では古来、「藍」と「緑」を含んで広く青系統の色をカバーし、その名残として、現在でも「青」と「緑」はしばしば交替します。日本語でやや特異なのは、「緑」が「青」に隠れて、なかなか独立しなかった点です。色彩名としての「緑」の立ち遅れは、「*緑い」「*緑色い」と言えないことに明らかでしょう。

「黄」は，色彩名として熟したものになりつつあるものの，白黒赤青にはなお及びません。科学的な三原色（赤青黄）と特定の文化における基本色とは，必ずしも一致しないのです。「黄金」の「黄」が示唆するように，「黄」は，物の名前から色彩名に転じたと見ていいでしょう。

　「紫」も物の名前に発します。ムラサキ科の多年草で，夏に白い花を多くつけます。この根で染めた色が「紫」です。「茶」と「灰」は，明らかに物の名前です。物か色か紛らわしいので，ふつう「茶色」「灰色」のように「色」を添えます。

　ことばをよく観察すれば，遠い時代から現代の生活までが見通せる可能性があります。色彩名は，いまなお魅力的です。

✓ **カテゴリーの中心的な要素は，用法上の制約を受けにくい**

　この一般論を覚えておくと便利です。

カテゴリーの中心と周辺（発展3）

　他人の家で「電話を借りる」ときは，(a) を使わずに，(b) を用いよとかつて習いました。
　　(a) *borrow* the phone
　　(b) *use* the phone
　ところが，近ごろの英和辞典は，現実をよく反映させて，(b) と並んで (a) も使われることがあると記述します。ケータイはもとより，備えつけの電話に関してもそうです。
　では，具象物に限って，一般に borrow の目的語にはどのような物がくるでしょうか。実例をできるだけ多く集めて，典型的な目的語は何であり，典型的ではないがなおかつ目的語になれるものは何かをつきとめなさい。borrow の目的語となる物の条件を整理しましょう。

アプローチ　典型性に関する問題です。ネットでいろいろと工夫して検索しましょう。たとえば，Google で "*borrow* your phone" を検索します（" " の引用符でくくることをお忘れなく。これでセット検索ができます）。"*borrow* your phone" は約 30 万件以上ヒットします (9/05/2016)。まれな表現ではないとわかります。

解答　borrow の典型的な目的語は，①移動可能，②元通りの状態で返却，③好意，の3条件をすべて満たすものです。たとえば，本や車は借りるのにもっともふさわしいでしょう。移動できて，元通りの状態で返せて，かつ好意によるからです。

　3つの条件を個別に見ると，まず，①は (a) の問題と関わります。据え付け式の電話は，延長コードがあっても移動が制約され，家には持ち帰れません。にもかかわらず，現在 (a) の表現は携帯電話以外でも用いられます。

　②の条件には，「短期間借りた後に」の付帯条件を加えることもできます。長期にわたらず，かつ元のまま返すのが典型的な借用です。この点からすれば，消耗品は「借りる」とは言えないはずなのに，*borrow* some coffee [sugar] な

どの例はしばしば見つかります。②の条件も，ある程度までなら緩和できます。

③の条件「好意」も緩和できます。本来は好意なのだから，貸し手はお金を受け取らないはずです。しかし実際には，*borrow* money from a bank のような例が見つかります。これは好意ではなく，明らかに商売です。

それぞれの条件は，yes か no かではなく，more か less かという性質を示すと考えるべきです。さらに，3つの条件の全体も，すべてかゼロかではなく，やはり more か less かと見ます。

もちろん，全条件が完全に満たされれば問題はありません。それが典型的な borrow です。だけど，そのうちのひとつふたつを少し緩めれば，なんとか許されるという場合があります。これは例外的現象ではなく，むしろ，意味の本質的な弾性によるものだと考えましょう。

解説 ◎「貸借」の英単語——まず，単語の意味を簡単に整理しましょう。ふつう，①から③の条件を満たして「貸す」のが lend，同じく①から③の条件を満たして「借りる」のが borrow，商売で（つまり，お金を取って）「貸す」のが rent，そして客としてお金を払って「借りる」のも rent です。lease は rent の同類で，おもにビジネスユース向けです。hire は，「借りる」という意味の rent の仲間です。

◎**「典型性」がキーワード**——では，borrow の3つの条件を個別に振り返り，文脈がよくわかる具体例を追加しましょう。まず，①「移動可能」の条件を満たすものは，money，book，car が御三家です。ただし，money は銀行ローンの場合もあるので注意が必要です。もちろん，多くの例は仲間の間での借用です。この条件は，(a) の borrow the phone や次の例文では緩和されます。

(c) He *borrowed* the pub telephone and called her, but got no answer. （パブの電話を借りて彼女に電話したが通じなかった）

さらに，ほかにも広がります。たとえば，知人が賃貸していた家を好意で「借りる」ような場合です。例文を見ましょう。borrow と rent が同時に現れます。

(d) He was *borrowing* a house that two of his student friends rented. （彼は学生仲間のふたりが賃借した家を借りていた）

次に，②の条件「元通りの状態で返却」を見ましょう。もともとこの条件は，厳密に言えば，厳しすぎるのです。本でも返すときは多少なりとも摩耗するでしょう。車は少なくともガソリンが減ります。ですから，ガソリンはふつう補充するのが礼儀。でも，比較的安い消耗品なら，一定の限度内なら気にしないようです。

(e) She sometimes comes to *borrow* sugar. （彼女はときどき砂糖を借りに来ますよ）

借りる対象は，物に限りません。人を借りることもあります。たとえば，パーティーなどの場面を想像してください。

(f) I'd like to *borrow* your husband for just one moment. （ご主人をちょっとお借りするわ）

次に，③の条件「好意」を振り返りましょう。すでに述べたように，お金が目的語のときは，人から好意で借りるときのみならず，銀行から借りる場合にも使えます。この意義は，目的語のお金を動詞に取り込んで，「（人・銀行などから）お金を借りる」の意義に展開します。

(g) He had to *borrow* heavily to finance it all. （すべての資金をまかなうためには大口の借金が必要だった）

borrow の意味は，さらに抽象的な領域にも踏み込んで，「〈言葉・考えなどを〉借りる，借

用する」に広がります。これも例示しましょう。

(h) They *borrow* shamelessly the techniques of the enemy.（恥知らずにも彼らは敵の技術を拝借する）

最後に，婉曲語法との関係について一言。解答で触れたように，「借りる」は，日本語も英語も「短期間に限り人の好意による」ものです。「好意」には，貸し手の許可を得ることが含まれます。もし貸し手の許可も得ず，かつ，長期間「借りる」ならば，それはほとんど「盗む」に等しくなるでしょう。逆から見て，「盗む」ことを「借りる」と言えば，ユーモラスで婉曲的な響きが聞きとれます。

(i) Someone *borrowed* my camera (without asking).（誰かが私のカメラを（黙って）借りていった）

日本でも，自転車泥棒は，「（ちょっと）借りる」と思うことによって罪の意識を和らげるのかもしれません。これは，やはり婉曲効果によるのでしょう。

☞**ここがポイント！** 恣意性（arbitrariness）の反対が動機づけ（motivation），恣意的な（arbitrary）の反対が動機づけのある（motivated）です。認知言語学では，表現の背後になぜそうなのかという動機を追究します。

▶ **Review** （　）に適語を補充し，｛　｝から正しいものを選びなさい。

(1) 色彩名は，虹の色の分割にみられるように，言語ごとにかなりのばらつきがあるので，言語学では｛恣意性／動機づけ｝の代表例のように従来考えられたが，よく調べると一定の法則があるようです。

(2) ２色しか区別しない言語では，まず（　　）と（　　）が区別されて，そこにもう一色加わる言語では，その色はきまって（　　）です。

◆**演習A**

(1) 「薬」は「くすり」と読むときと「やく」と読むときとでは意味がずれます。それぞれの意味範囲を実例に基づいて明らかにしなさい。

(2) アルミ製で無印の円筒形の物が複数あります。縦横比は約３対１で手のひらサイズです。リンゴなら「個」で数えても，この物はどのように数えますか。また，その中身がジュースの場合とホワイトアスパラガスの場合とでは数え方が異なりますか。

◆**演習B**

(1) dog はふつう可算名詞です。しかし，まれに不可算名詞になる場合があります。どのような場合でしょうか。（☞４章１節発展２）

(2) 次の各文に共通な文末の like の用法を説明しなさい。

(a) I find it quite difficult *like*.

(b) That was so funny *like*.

(c) Sally wasn't in the garden *like*.

(d) I'd love to have a small chest *like*.

■章末要点チェック
　（　）に適語を補充し，｛　｝から正しいものを選びなさい．

● 1節　カテゴリーの性質
(1)「猫」は，カテゴリーとしての「猫」と｛サブカテゴリー／個物｝としての「猫」の2通りに解釈できます．ニャオーと目の前で鳴くのは｛カテゴリー／個物｝としての「猫」であり，「犬」とは種類が異なると認識するのは｛カテゴリー／個物｝としての「猫」です．
(2) 2大分類法と言えば，包摂分類と分節分類です．たとえば，パソコンを｛包摂／分節｝分類法で分ければ，本体，モニター，キーボード，マウスなどに分かれます．他方，｛包摂／分節｝分類法で分ければ，デスクトップ，ノートパソコンなどに分かれます．｛包摂／分節｝分類法では各パーツが｛かつ／または｝で結ばれるのに対して，｛包摂／分節｝分類法では各種のものが｛かつ／または｝で結ばれます．
(3) カテゴリーは，｛確定した／構成された｝ものなので組み換えが｛ききます／ききません｝．たとえば，3.11以来「原発」の意味が変わったと感じた人がいるのは，それが「安全な電力資源」という｛カテゴリー／個物｝から「危険を伴う電力源」という｛カテゴリー／個物｝に変わったからです．

● 2節　カテゴリーとサブカテゴリー
(1) 木と桜は｛類と種／全体と部分｝の関係にあり，カテゴリーとサブカテゴリーの関係と言い換えられます．これに対して，一本の木とその枝は｛類と種／全体と部分｝の関係であり，これはカテゴリー関係ではありません．カテゴリー（類）とサブカテゴリー（種）の関係は｛《の一種》／《の一部》｝によって表されます．桜は木｛《の一種》／《の一部》｝です．
(2) カテゴリーの上にはまたカテゴリー（上位カテゴリー）があり，下にはまたカテゴリー（下位カテゴリー）があり，さらにその上にも下にも（　　　）の階層が続きます．その中間レベルに｛基本／サブ｝レベルという特別な階層があります．たとえば，家具，椅子，回転椅子の中では（　　　）がこのレベルに属します．その特徴は，言語形式が｛長い／短い｝，ふだん遣いで｛ある／ない｝，想起し｛やすい／にくい｝，習得時期が｛遅い／早い｝などが挙げられます．
(3) PCは（　　　）の略であり，文字通りには「政治的に正しい」です．しかし，実質的な意味は，ある表現が差別的意味を｛含む／含まない｝です．差別の主な対象は，エスニック・マイノリティ，身障者，および（　　　）です．たとえば，chairman（議長）はジェンダーを問わない（　　　）がいまではふつうです．

●3節　プロトタイプ

(1) プロトタイプとは，あるカテゴリーの {中心／周辺} に位置する典型例です。これは，鳥のような {名目種／自然種} のみならず，車のような {名目種／自然種} にも当てはまります。つまり，鳥にも車にも，いかにもそれらしいものが存在します。カテゴリーの中身は {均一／まだら} です。

(2) カテゴリーの {中心／周辺} は，はっきりと確定していなくて，つねにある程度の出入りがあるのがふつうです。そこでカテゴリーの範囲を調整する {PC／ヘッジ} 表現が存在します。「厳密に言えば」(strictly speaking) は，一般にカテゴリーの範囲を {広める／狭める} 方向で，「大ざっぱに言えば」(roughly speaking) は {広げる／狭める} 方向でカテゴリーを調整します。

(3) 認知言語学は，{生得能力／経験基盤} を重視し，ことばの形や意味にできるだけ {動機づけ／恣意性} を見ようとします。また，実際の {用例／内省} を大切にし，研究の心構えの根底にあるのは {yes or no／more or less} という態度です。これはまた，カテゴリーを理解する基礎でもあります。

◆実力問題 A

(1) 「陶磁器」「陶器」「磁器」の間のカテゴリー関係を図示しなさい。ただし，「陶器」の用法に注意。
(2) 「動物」と「人」との間のカテゴリー関係を図示しなさい。ただし，「動物」の用法に注意。
(3) 「marijuana（マリファナ）は drug ではなく plant の一種であり，cocaine（コカイン）は drug だ」という意見をカテゴリーの観点から論評しなさい。
(4) stewardess（スチュワーデス）はいまではほとんど用いられません。その理由は何ですか。また現在はどのように呼ばれますか。
(5) 電話の「受話器」(receiver) は現代ではやや違和感のある表現です。どこに違和感があるでしょうか。

◆実力問題 B

(1) It was *fun*. の fun の品詞は何ですか。また，fun はそれが属する品詞の中ではどのような位置を占めますか。
(2) 次の (a) と (b) の watching は動名詞です。動名詞は，品詞的には名詞ですか動詞ですか。また，(a) と (b) とでどのような差が感じられますか。

　　(a) the importance of careful *watching*
　　(b) the importance of carefully *watching*

(3) 日本の「カレーライス」のプロトタイプは何でしょうか。自宅でふつうに「今夜はカレー」というときの「カレー」と違いはありますか。違いがあればそれを記述しなさい。
(4) high と tall は類義語です。どちらを使ってもいい場合もあります。しかし，典型的な使

い方は違います。実例にあたってその違いを述べなさい。

(5) コッコッコッコと餌をつつくchickenは，食卓にでても表現はchickenのままです。ところが，草をはみながらモーとなくcowやoxは，食卓にのぼるとbeefに変身します。動物名とその食肉名を調べて，英語と日本語の比較をしなさい。とくに，食肉名の命名の仕方にいくつかの型が見つかれば，その型についても整理しましょう。

◆探究テーマ

(1) 「ひと休み」の表現を生むフレーム「ひと〜（する）」は，どのような条件の元で使えるでしょうか。次の表現を参考にしなさい。

  (a) ひと休み（する）
  (b) ひと回り（する）
  (c) （もう）ひと勉強（する）

 ただし，「*ひと書き（する）」「*ひと死に（する）」などとは言いません。また，「ひと滑り（する）」は，スキー場でなら問題ありませんが，受験に関しては用いないでしょう。

(2) 「こ」と発音する「小」を頭につけて，たとえば，「島」に対する「小島」を作る造語法があります。このような「小」は指小辞と呼ばれます。「小〜」のカテゴリーが成立する条件を，次の例を参考にしてできるだけ多くの実例に基づいて整理しなさい。

  (a) 小島
  (b) 小鳥
  (c) *小木
  (d) *小椅子

(3) 一対（ペア）のものは，英語ではa pair ofで表すと習いました。メガネなら左右のレンズでペアなのでa pair of glassesです。メガネを中心に日常的なペア表現をいくつか調べて，どの程度a pair ofの形が律儀に守られるか，その実態を調べなさい。(☞4章1節発展演習A(2))

(4) 英語の逆引き辞典（たとえば，『プログレッシブ英語逆引き辞典』）を引いて，-fishで終わる単語を集めて日本語と比較し，カテゴリー分けに関して日英でどのような違いがあるかを分析しなさい。

(5) 日本語の類別詞の中で，「一本」「二本」と数えるときの「本」は，どのようなカテゴリーのものに適用されますか。実例を集めて分析しなさい。

(6) American（アメリカ人）の複数形はAmericansなのに，Japanese（日本人）の複数形はそのままJapaneseです。ある若者の意見「日本人は，fishやsheepと同じくたくさんいて個性がないと思われているからなんでしょう。ちょっと腹が立ちます」を，言語データに基づいて批判しなさい。そのときfishやsheepなどのいわゆる単複同形の表現の動機づけについても考えなさい。(☞4章1節)

◆探究への道

- **カテゴリー**：カテゴリーについては，主要な文献に絞っても相当量になるので，認知言語学に関するもっとも優れたものとして，Taylor (2003a) を精読することを薦めます。英文は流麗で美しい（邦訳あり）。もう一冊は Lakoff (1987) がカテゴリーと言語・認識の問題を重点的に扱います（これも邦訳あり）。大堀（編）(2002) は，カテゴリーの観点から文法現象一般を扱う論集です。

- **2大分類法**：包摂分類法（タクソノミー，taxonomy）と分節分類法（パートノミー，partonomy）の峻別は，シネクドキとメトニミーの重要な区別の基礎であるだけでなく，意味論の常識です。この点を明確に述べて，古典的なレトリック観に異議を申し立てたのが佐藤 (1978) です。瀬戸 (1986) はその継承発展形です。包摂分類法と分節分類法の根本的な対立点をもっとも美しくまとめた論文は，おそらく Tversky (1990) でしょう。Seto (1999) は，この視点からメトニミーとシネクドキの峻別の意義を述べ，Seto (2003) はこの問題の総括です。瀬戸 (2007b) はその要点を含みます。

- **プロトタイプ**：認知言語学の基本的見方のひとつは，カテゴリーが柔軟性をもつ，つまり〈らしさ〉という概念を内在させることの発見でした。新しい学問の出発点を確かめることは，研究の重要な基礎となるだけではなく，その〈哲学〉を形成するのに役立ちます。この点で，その原点となった Rosch (1973, 1978) および Rosch & Mervis (eds) (1975) を読みましょう。

- **形の凝縮は意味の凝縮**：本文では「赤い鉛筆」と「赤鉛筆」の違いに関して述べました。これは，より一般的には iconicity（図像性）の問題となります。角度を変えれば，〈形が違えば，意味も違う〉(different forms, different meanings) となり，Bolinger (1977) の一貫した見方と通底します。わかりやすい例による入門的解説は，池上 (2006) の3章などを参照。図像性を中心とした言語現象に対する注目を集めた論集に Haiman (ed.) (1985) があります。また，iconicity の一部を構成する icon（アイコン）は，index（インデックス），symbol（シンボル）とともに，ことばの構造や意味を論じるうえで欠かせない概念です。瀬戸 (1986) の4章と5章，テイラー・瀬戸 (2008) の2章，Dirven & Verspoor (2004) の1章，Radden & Dirven (2007) の1章などを参照。

- **動機づけ**：かつて形式と形式，意味と意味，形式と意味の関係は恣意的（動機づけがない，arbitrary）と考えられたが，認知言語学はそれぞれに動機づけがある（motivated）と考えます。認知言語学の全研究は，ある意味でこの論点の追究だとも考えられます。上の〈形の凝縮は意味の凝縮〉もその一環であり，また認識主体と言語表現の関係を調べることは，言語を孤立した自律的なシステムとは考えない認知言語学の基本的な見方です。文献としては，できるだけ包括的なものとして，Radden & Panther (eds) (2004), Panther & Radden (eds) (2011), Evans & Green (2006), Geeraerts (ed.) (2006), Geeraerts & Cuyckens (eds) (2007) を挙げておきます。

参考文献

1．認知言語学の概説書
(a) 日本語文献

荒川洋平・森山新．2009．『わかる!! 日本語教師のための応用認知言語学』東京：凡人社．
河上誓作（編著）．1996．『認知言語学の基礎』東京：研究社．
李在鎬．2010．『認知言語学への誘い——意味と文法の世界』東京：開拓社．
松本曜（編）．2003．『認知意味論』東京：大修館書店．
籾山洋介．2009．『日本語表現で学ぶ入門からの認知言語学』東京：研究社．
籾山洋介．2010．『認知言語学入門』東京：研究社．
森雄一・高橋英光（編著）．2013．『認知言語学——基礎から最前線へ』東京：くろしお出版．
中村芳久（編）．2004．『認知文法論II』東京：大修館書店．
野村益寛．2014．『ファンダメンタル認知言語学』東京：ひつじ書房．
大堀壽夫．2002．『認知言語学』東京：東京大学出版会．
定延利之．1999．『よくわかる言語学』東京：アルク．
高橋英光．2010．『言葉のしくみ——認知言語学のはなし』札幌：北海道大学出版会．
谷口一美．2006．『学びのエクササイズ——認知言語学』東京：ひつじ書房．
辻幸夫（編）．2003．『認知言語学への招待』東京：大修館書店．
テイラー，ジョン・R.・瀬戸賢一．2008．『認知文法のエッセンス』東京：大修館書店．
山梨正明．2009．『認知構文論』東京：大修館書店．
山梨正明．2012．『認知意味論研究』東京：研究社．
吉村公宏．2004．『はじめての認知言語学』東京：研究社．

(b) 英語文献

Croft, William and D. Alan Cruse. 2004. *Cognitive Linguistics*. Cambridge: Cambridge University Press.
Dirven, René and Marjolijn Verspoor. 2004. *Cognitive Exploration of Language and Linguistics*, 2nd revised edn. Amsterdam: John Benjamins.
Evans, Vyvyan and Melanie Green. 2006. *Cognitive Linguistics: An Introduction.* Edinburgh: Edinburgh University Press.
Lee, David. 2001. *Cognitive Linguistics: An Introduction*. Oxford: Oxford University Press.
Radden, Günter and René Dirven. 2007. *Cognitive English Grammar*. Amsterdam: John Benjamins.
Taylor, John R. 2002. *Cognitive Grammar*. Oxford: Oxford University Press.
Ungerer, Friedrich and Hans-Jörg Schmid. 2006 [1996]. *An Introduction to Cognitive Linguistics*, 2nd edn. London: Longman.

2．著書・論文

Aikhenvald, Alexandra I. 2003. *Classifiers: A Typology of Noun Categorization Devices*. New York: Oxford University Press.

尼ヶ崎彬．1983．『日本のレトリック』東京：筑摩書房．

Anderson, Elaine S. 1978. Lexical universal of body-part terminology. In Joseph H. Greenberg, Charles A. Ferguson, and Edith A. Moravcsik (eds), *Universals of Human Language*, Vol.3, *Word Structure*, 335-68. Stanford: Stanford University Press.

青木三郎・竹沢幸一（編）．2000．『空間表現と文法』東京：くろしお出版．

荒川洋平．2013．『デジタル・メタファー——ことばはコンピューターとどのように向きあってきたか』東京：東京外国語大学出版会．

アリストテレス（戸塚七郎訳）．1992．『弁論術』東京：岩波書店．

Banfield, Ann. 1982. *Unspeakable Sentences: Narration and Representation in the Language of Fiction*. Boston: Routledge and Kegan Paul.

Berezowski, Leszek. 2001. *Articles and Proper Names*. Wroclaw: Wydawnictwo Uniwersytetu Wroclawskiego.

Bhat, Darbhe Narayana Shankara. 2008. *Pronouns*. New York: Oxford University Press.

Bolinger, Dwight L. 1977. *Meaning and Form*. London: Longman.

Bolinger, Dwight L. 1979. To catch a metaphor: <you> as a norm. *American Speech*, 54(3): 194-209.

Carroll, John B. (ed.). 1956. *Language, Thought, and Reality: Selected Writings of Benjamin Lee Whorf*. Cambridge, MA: MIT Press.

Casad, Eugene H. (ed.). 1995. *Cognitive Linguistics in the Redwoods: The Expansion of a New Paradigm in Linguistics*. Berlin: Mouton de Gruyter.

Chappel, Hilary and William McGregor. 1996. *The Grammar of Inalienability: A Typological Perspective on Body Part Terms and the Part-Whole Relation*. Berlin: Walter de Gruyter.

Clausner, Timothy C. and William Croft. 1999. Domains and image schemas. *Cognitive Linguistics*, 10: 1-31.

Coleman, Linda and Paul Kay. 1981. Prototype semantics: The English word *lie*. *Language*, 57: 26-44.

Croft, William. 1993. The role of domains in the interpretation of metaphors and metonymies. *Cognitive Linguistics*, 4: 335-70.

Evans, Vyvyan. 2004. *The Structure of Time*. Amsterdam: John Benjamins.

Evans, Vyvyan. 2013. *Language and Time: A Cognitive Linguistics Approach*. Cambridge: Cambridge University Press.

Evans, Vyvyan and Paul Chilton (eds). 2010. *Language, Cognition and Space*. London: Equinox.

Fillmore, Charles J. 1977a. Scenes-and-frames semantics. In A. Zampolli (ed.), *Linguistic Structures Processing*, 55-81. Amsterdam: North-Holland.

Fillmore, Charles J. 1977b. Topics in lexical semantics. In R. W. Cole (ed.), *Current Issues in Linguistic Theory*, 76-138. Bloomington: Indiana University Press.

Fillmore, Charles J. 1982. Frame semantics. In the Linguistic Society of Korea (ed.), *Linguistics in the Morning Calm*, 111-38. Seoul: Hanshin.

Fillmore, Charles J. 1997. *Lectures on Deixis*. Stanford, CA: CSLI Publications.

深田智・仲本康一郎．2008．『概念化と意味の世界』東京：研究社．

ガリー，トム．2010．『英語のあや』東京：研究社．

Geeraerts, Dirk. 1994. Historical semantics. In R. E. Asher (ed.), *The Encyclopedia of Language and Linguistics*, 1567-70. Oxford: Pergamon Press.

Geeraerts, Dirk (ed.). 2006. *Cognitive Linguistics: Basic Readings*. Berlin: Walter de Gruyter.

Geeraerts, Dirk and Hubert Cuyckens (eds). 2007. *The Oxford Handbook of Cognitive Linguistics*. Oxford: Oxford University Press.

Group μ. 1970. *Rhétorique Générale*. Paris: Larousse.

Haiman, John (ed.). 1985. *Iconicity in Syntax*. Cambridge: Cambridge University Press.

早瀬尚子．2002．『英語構文のカテゴリー形成』東京：勁草書房．

廣瀬幸生・長谷川葉子．2010．『日本語から見た日本人　主体性の言語学』東京：開拓社．

廣瀬幸生・加賀信広．1997．『指示と照応と否定』東京：研究社出版．

本多啓．2005．『アフォーダンスの認知意味論』東京：東京大学出版会．

市川浩．1992．『精神としての身体』東京：勁草書房．

池田清彦．1992．『分類という思想』東京：新潮社．

池上嘉彦．1981．『「する」と「なる」の言語学――言語と文化のタイポロジーへの試論』東京：大修館書店．

池上嘉彦．1982．「表現構造の比較――〈スル〉的な言語と〈ナル〉的な言語」國廣哲彌（編）『発想と表現』，69-110．東京：大修館書店．

池上嘉彦．1986．「日本語の語りのテクストにおける時制の転換について」『記号学研究　文化のナラトロジー』，61-74．東京：開拓社．

Ikegami, Yoshihiko. 1991. 'Do-language' and 'become-language': Two contrasting types of linguistic representation. In Y. Ikegami (ed.), *The Empire of Signs: Semiotic Essays on Japanese Culture*, 285-326. Amsterdam: John Benjamins.

池上嘉彦．1991．『〈英文法〉を考える』東京：筑摩書房．

池上嘉彦．2000．『「日本語論」への招待』東京：講談社．

池上嘉彦．2004．「言語における〈主観性〉と〈主観性〉の言語的指標（1）」『認知言語学論考』，3: 1-49．東京：ひつじ書房．

Ikegami, Yoshihiko. 2005. Indices of a 'subjectivity-prominent' language. *Annual Review of Cognitive Linguistics*, 3: 132-64.

池上嘉彦．2005．「言語における〈主観性〉と〈主観性〉の言語的指標（2）」『認知言語学論考』，4: 1-60．東京：ひつじ書房．

池上嘉彦．2006．『英語の感覚・日本語の感覚――〈ことばの意味〉のしくみ』東京：日本放送出版協会．

池上嘉彦．2015．'Subjective construal' and 'objective construal': A typology of how the speaker of language behaves differently in linguistically encoding a situation. *Journal of Cognitive Linguistics*, 1: 1-21．東京：開拓社．

井上京子．1998．『もし「右」や「左」がなかったら』東京：大修館書店．

Jakobson, Roman. 1971 [1956]. Two aspects of language and two types of aphasic disturbances. In R. Jakobson (ed.), Roman Jakobson *Selected Writings*, vol.2, 239-59. The Hague: Mouton.

Johnson, Mark. 1987. *The Body in the Mind: The Bodily Basis of Meaning, Imagination, and Reason*. Chicago: University of Chicago Press.

Jurafsky, Daniel. 1996. Universal tendencies in the semantics of the diminutive. *Language*, 72: 533-78.

影山太郎．2002．『ケジメのない日本語』東京：岩波書店．

Kaltenböck, Gunther, Wiltrud Mihatsch and Stefan Schneider (eds). 2010. *New Approaches to Hedging*. Bingley: Emerald.

Kay, Paul and Charles J. Fillmore. 1999. Grammatical constructions and linguistic generalizations: *The What's X doing Y?* construction. *Language*, 75: 1-33.

北原保雄（編）．2004．『問題な日本語』東京：大修館書店．

小森道彦．1992．「人称ダイクシスの磁場」安井泉（編）『グラマー・テクスト・レトリック』，185-209．東京：くろしお出版．

小森道彦．1993．「共感覚表現のなかの換喩性」『大阪樟蔭女子大学英文学会誌』，29: 49-65．

Kövecses, Zoltán. 2002. *Metaphor: A Practical Introduction*. New York: Oxford University Press.

國廣哲彌．1989．「五感を表す語彙──感覚的比喩体系」『言語』，18（11）: 28-31．東京：大修館書店．

久野暲・高見健一．2004．『謎解きの英文法　冠詞と名詞』東京：くろしお出版．

久野暲・高見健一．2009．『謎解きの英文法　単数か複数か』東京：くろしお出版．

久野暲・高見健一．2013．『謎解きの英文法　時の表現』東京：くろしお出版．

楠見孝．1988．「共感覚に基づく形容表現の理解過程について」『心理学研究』，58: 373-80．

楠見孝．2005．「心で味わう　味覚表現を支える認知の仕組み」瀬戸賢一ほか『味ことばの世界』，88-122．東京：海鳴社．

楠見孝（編）．2007．『メタファー研究の最前線』東京：ひつじ書房．

Lakoff, George. 1972. Hedge: A study in meaning criteria and the logic of fuzzy concepts. *CLS*, 8: 183-228.

Lakoff, George. 1987. *Women, Fire, and Dangerous Things: What Categories Reveal about the Mind*. Chicago: University of Chicago Press.

Lakoff, George and Mark Johnson. 1999. *Philosophy in the Flesh: The Embodied Mind and its Challenge to Western Thought*. New York: Basic Books.

Lakoff, George and Mark Johnson. 2003 [1980]. *Metaphors We Live By*. Chicago: University of Chicago Press.

Langacker, Ronald W. 1985. Observations and speculations on subjectivity. In J. Haiman (ed.), *Iconicity in Syntax*, 109-50. Amsterdam: John Benjamins.

Langacker, Ronald W. 1987. *Foundations of Cognitive Grammar*, vol.I, *Theoretical Prerequisites*. Stanford, CA: Stanford University Press.

Langacker, Ronald W. 1990. Subjectification. *Cognitive Linguistics*, 1: 5-38.

Langacker, Ronald W. 1991. *Foundations of Cognitive Grammar*, vol.II, *Descriptive Application*. Stanford, CA: Stanford University Press.

Langacker, Ronald W. 1998. On subjectification and grammaticization. In Jean-Pierre Koenig (ed.), *Discourse and Cognition*, 71-89. Stanford, CA: Stanford University Press.

Lehrer, Adrienne. 1975. Talking about wine. *Language* 51, 901-23.

Levinson, Stephen C. 2004. Deixis. In L. R. Horn and G. Ward (eds), *The Handbook of Pragmatics*, 97-121. Malden, Oxford: Blackwell.

Lieber, Rochelle. 2004. *Morphology and Lexical Semantics*. Cambridge: Cambridge University Press.

Lindner, Suan Jean. 1982. What goes up doesn't necessarily come down: The ins and outs of opposites. *CLS*, 18: 305-23.

Lindner, Suan Jean. 1983 [1981]. *A Lexico-Semantic Analysis of Verb Particle Constructions with Out and Up*. (PhD dissertation) Bloomington: Indiana University Linguistics Club.

Littlemore, Jeannette and John R. Taylor (eds). 2014. *The Bloomsbury Companion to Cognitive Linguistics*. London: Bloomsbury.

Lyons, John. 1977. *Semantics*, 2 vols. Cambridge: Cambridge University Press.

Maalej, Zouheir A. and Ning Yu. 2011. *Embodiment via Body Parts: Studies from Various Languages and Cultures*. Amsterdam: John Benjamins.

真木悠介．2003．『時間の比較社会学』東京：岩波書店．

巻下吉夫・瀬戸賢一．1997．『文化と発想とレトリック』東京：研究社出版．

Massam, Diane. 2012. *Count and Mass Across Languages*. Oxford: Oxford University Press.

Matsumoto, Yo. 1996. How abstract is subjective motion? A comparison of coverage path expressions and access path expressions. In A. E. Goldberg (ed.), *Conceptual Structure, Discourse and Language*, 359-73. Stanford, CA: CSLI Publications.

Matsumoto, Yo. 1999. On the extension of body-part nouns to object-part nouns and spatial adpositions. In B. A. Fox, D. Jurafsky, and L. A. Michaelis (eds), *Cognition and Function in Language*, 15-28. Stanford, CA: CSLI Publications.

松本曜．2000．「日本語における身体部位詞から物体部分詞への比喩的拡大」坂原茂（編）『認知言語学の発展』，317-46．東京：ひつじ書房．

Middleton, Erica L. and Edward J. Wisniewski, Kelly A. Trindel, and Mutsumi Imai. 2004. Separating the chaff from the oats: evidence for a conceptual distinction between count noun and mass noun aggregates. *Journal of Memory and Language*, 50: 371-94.

宮畑一範．2000．「除去・塗布系動詞の意味・用法の分析と記述」『英米言語文化研究』（大阪府立大学），48: 127-51．

籾山洋介．1998．「換喩（メトニミー）と提喩（シネクドキー）──諸説の整理・検討」『名古屋大学日本語・日本文化論集』，6: 59-81．

籾山洋介．2002．『認知意味論のしくみ』東京：研究社．

籾山洋介．2006．『日本語は人間をどう見ているか』東京：研究社．

Moore, Kevin E. 2014. *The Spatial Language of Time*. Amsterdam: John Benjamins.

森雄一．2003．「隠喩・換喩・提喩の関係をめぐって」『日本認知言語学会論文集』，3: 322-5．

Murao, Haruhiko. 2009. *Cognitive Domains and Prototypes in Constructions*. 東京：くろしお出版．

武藤彩加．2015．『日本語の共感覚的比喩』東京：ひつじ書房．

中村芳久．2004．「主観性の言語学：主観性と文法構造・構文」中村芳久（編）『認知文法論II』，

3-51. 東京：大修館書店.

中村雄二郎. 1979. 『共通感覚論』東京：岩波書店.

Nerlich, Brigitte, Zazie Todd, Vimala Herman, and David D. Clarke (eds). 2003. *Polysemy: Flexible Patterns of Meaning in Mind and Language.* Berlin: Mouton de Gruyter.

西川盛雄. 2013. 『英語接辞の魅力』東京：開拓社.

西光義弘・水口志乃扶（編）. 2004. 『類別詞の対照』東京：くろしお出版.

野内良三. 2005. 『レトリックと認識』東京：日本放送出版協会.

野内良三. 2007. 『レトリックのすすめ』東京：大修館書店.

小田希望. 2003. 「甘くてスウィート」瀬戸賢一（編著）『ことばは味を超える』, 186-214. 東京：海鳴社.

小田希望. 2010. 『英語の呼びかけ語』大阪：大阪教育図書.

大江三郎. 1975. 『日英語の比較研究　主観性をめぐって』東京：南雲堂.

大堀壽夫（編）. 2002. 『認知言語学Ⅱ：カテゴリー化』東京：東京大学出版会.

大森文子. 2004. 「認知・談話・レトリック」大堀壽夫（編）『認知コミュニケーション論』, 161-210. 東京：研究社.

Omori, Ayako. 2015. *Metaphor of Emotions in English.* 東京：ひつじ書房.

Ortony, Andrew (ed.). 1993 [1979]. *Metaphor and Thought*, 2nd edn. Cambridge: Cambridge University Press.

Panther, Klaus-Uwe and Günter Radden (eds). 2011. *Motivation in Grammar and the Lexicon.* Amsterdam: John Benjamins.

Peirsman, Yves and Dirk Geeraerts. 2006. Metonymy as a prototypical category. *Cognitive Linguistics*, 17: 269-316.

ピーターセン, マーク. 1988. 『日本人の英語』東京：岩波書店.

ピーターセン, マーク. 1990. 『続日本人の英語』東京：岩波書店.

ピーターセン, マーク. 1999. 『心にとどく英語』東京：岩波書店.

ピーターセン, マーク. 2001. 『英語で発見した日本の文学』東京：光文社.

ピーターセン, マーク. 2013. 『実践日本人の英語』東京：岩波書店.

Quirk, Randolph, Sidney Greenbaum, Geoffrey Leech, and Jan Svartvik. 1985. *A Comprehensive Grammar of the English Language.* London: Longman.

Radden, Günter and Ken-ichi Seto. 2003. Metonymic construals of shopping requests in HAVE- and BE-languages. In K.-U. Panther and L. L. Thornburg (eds), *Metonymy and Pragmatic Inferencing*, 223-39. Amsterdam: John Benjamins.

Radden, Günter and Klaus-Uwe Panther (eds). 2004. *Studies in Linguistic Motivation.* Berlin: Mouton de Gruyter.

Rappaport Hovav, Malka and Beth Levin. 2008. The English dative alternation: The case for verb sensitivity. *Journal of Linguistics*, 44: 129-67.

Ravin, Yael and Claudia Leacock (eds). 2000. *Polysemy: Theoretical and Computational Approaches.* Oxford: Oxford University Press.

Reddy, Michael J. 1993 [1979]. The conduit metaphor: A case of frame conflict in our language about language. In A. Ortony (ed.), *Metaphor and Thought*, 2nd edn, 164-201. Cambridge:

Cambridge University Press.

Rosch, Eleanor. 1973. Natural categories. *Cognitive Psychology*, 4: 328-50.

Rosch, Eleanor. 1978. Principles of categorization. In E. Rosch and B. B. Lloyd (eds), *Cognition and Categorization*, 27-48. Hillsdale, NJ: Lawrence Erlbaum Associates.

Rosch, Eleanor and Barbara B. Lloyd (eds). 1978. *Cognition and Categorization*. Hillsdale, NJ: Lawrence Erlbaum Associates.

Rosch, Eleanor and Carolyn B. Mervis (eds). 1975. Family resemblance: Studies in the internal structure of categories. *Cognitive Psychology*, 7: 573-605.

Rudzka-Ostyn, Brygida (ed.). 1990. *Topics in Cognitive Linguistics*. Amsterdam: John Benjamins.

貞光宮城．2005．「共感覚表現の転用傾向について――嗅覚と聴覚／視覚を中心に」『認知言語学論考』，5: 49-78．東京：ひつじ書房．

坂原茂（編）．2000．『認知言語学の発展』東京：ひつじ書房．

佐藤信夫．1984．『記号人間―伝達の技術』東京：大修館書店．

佐藤信夫．1986．『意味の弾性』東京：岩波書店．

佐藤信夫．1992a [1978]．『レトリック感覚』東京：講談社．

佐藤信夫．1992b [1981]．『レトリック認識』東京：講談社．

澤田治美．1993．『視点と主観性―日英語助動詞の分析』東京：ひつじ書房．

澤田治美（編）．2011．『主観性と主体性』東京：ひつじ書房．

サイデンステッカー，E. C.・安西徹雄．1983．『日本文の翻訳』東京：大修館書店．

サイデンステッカー，E. C.・那須聖．1962．『日本語らしい表現から英語らしい表現へ』東京：培風館．

瀬戸賢一．1990．「記号論の記号たち」『人文研究』（大阪市立大学文学部），42（10）: 99-112．

瀬戸賢一．1995a．『空間のレトリック』東京：海鳴社．

瀬戸賢一．1995b．『メタファー思考』東京：講談社．

瀬戸賢一．1997a．「意味のレトリック」巻下吉夫・瀬戸賢一『文化と発想とレトリック』，94-177．東京：研究社出版．

瀬戸賢一．1997b [1986]．『認識のレトリック』東京：海鳴社．

Seto, Ken-ichi. 1999. Distinguishing metonymy from synecdoche. In K. -U. Panther and G. Radden (eds), *Metonymy in Language and Thought*, 91-120. Amsterdam: John Benjamins.

瀬戸賢一．2001．「意義関係を記述する」『英語青年』，147（2）: 81-3．

瀬戸賢一．2002．『日本語のレトリック』東京：岩波書店．

瀬戸賢一．2003．「共感覚表現：『一方向性の仮説』を反証する」*JELS*, 20: 149-58．

瀬戸賢一（編著）．2003．『ことばは味を超える』東京：海鳴社．

Seto, Ken-ichi. 2003. Metonymic polysemy and its place in meaning extension. In B. Nerlich *et al.* (eds), *Polysemy: Flexible Patterns of Meaning in Mind and Language*, 195-214. Berlin: Mouton de Gruyter.

瀬戸賢一．2005．『よくわかる比喩』東京：研究社．

瀬戸賢一．2006．「チャレンジコーナー　シニア版」『言語』，35（12）: 157-9．東京：大修館書店．

瀬戸賢一．2007a．「ダイクシスの自由と規律」『言語』，36（2）: 24-31．

瀬戸賢一．2007b．「メタファーと多義語の記述」楠見孝（編）『メタファー研究の最前線』，31-61．東京：ひつじ書房．

瀬戸賢一．2010．「雨の表現がたくさんある日本語は風流か？」『英語教育』，59（6）：10-1．東京：研究社．

瀬戸賢一．2013a．「『生』という言葉の意味」一色賢司（監修）『生食のおいしさとリスク』，15-20．東京：エヌ・ティー・エス．

瀬戸賢一．2013b．「レトリックと認知文法から見た英語教育」『JACET 中部支部紀要』，11：1-19．

瀬戸賢一．2014．「語の多義性から見た文法構造」『関西英文学研究』，7：69-76．

瀬戸賢一・山本隆・楠見孝・澤井繁男・辻本智子・山口治彦・小山俊輔．2005．『味ことばの世界』東京：海鳴社．

篠原和子．2002．「空間的前後と時間概念の対応」『日本認知言語学会論文集』，2：243-46．

篠原和子．2008．「時間メタファーにおける『さき』の用法と直示的時間解釈」篠原和子・片岡邦好（編）『ことば・空間・身体』，179-211．東京：ひつじ書房．

Slobin, Dan. 2006. What makes manner of motion salient? Explorations in linguistic typology, discourse, and cognition. In M. Hickmann and S. Robert (eds), *Space in Languages: Linguistic Systems and Cognitive Categories*, 59-81. Amsterdam: John Benjamins.

鈴木孝夫．1973．『ことばと文化』東京：岩波書店．

鈴木孝夫．1990．『日本語と外国語』東京：岩波書店．

高見健一・久野暲．2002．『日英語の自動詞構文――生成文法分析の批判と機能的解析』東京：研究社．

Talmy, Leonard. 1985. Lexicalization patterns: Semantic structure in lexical forms. In T. Shopen (ed.), *Language Typology and Syntactic Description*, vol.3, *Grammatical Categories and the Lexicon*, 36-149. Cambridge: Cambridge University Press.

谷口一美．2005．『事態概念の記号化に関する認知言語学的研究』東京：ひつじ書房．

立川昭二．2002．『からだことば』東京：早川書房．

Taylor, John R. 1992. Old problems: Adjectives in cognitive grammar. *Cognitive Linguistics*, 3: 1-46.

Taylor, John R. 1996. On running and jogging. *Cognitive Linguistics*, 7: 21-34.

Taylor, John R. 2003a [1989]. *Linguistic Categorization*, 3rd edn. Oxford: Oxford University Press.

Taylor, John R. 2003b. Near synonyms as co-extensive categories: 'high' and 'tall' revisited. *Language Science*, 25: 263-84.

Taylor, John R. 2004. The ecology of constructions. In G. Radden (ed.), *Studies in Linguistic Motivation*, 49-73. Amsterdam: John Benjamins.

Taylor, John R. 2008. Some pedagogical implications of cognitive linguistics. In S. De Knop and T. De Rycker (eds), *Cognitive Approaches to Pedagogical Grammar*, 37-65. Berlin: Mouton de Gruyter.

Taylor, John R. 2012. *The Mental Corpus: How Language is Represented in the Mind*. Oxford: Oxford University Press.

Taylor, John R. and Robert E. MacLaury (eds). 1995. *Language and the Cognitive Construal of the World*. Berlin: Mouton de Gruyter.

外山滋比古．1973．『日本語の論理』東京：中央公論社．

外山滋比古．1983．『日本の修辞学』東京：みすず書房．

Traugott, Elizabeth Closs and Richard B. Dasher. 2001. *Regularity in Semantic Change*. Cambridge: Cambridge University Press.

Traugott, Elizabeth Closs and Ekkehard König. 1991. The semantics-pragmatics of grammaticalization revisited. In E. C. Traugott and B. Heine (eds), *Approaches to Grammaticalization*, 1: 189-218. Amsterdam: John Benjamins.

Tsohatzidis, Savas L. (ed.). 1990. *Meanings and Prototypes: Studies in Linguistic Categorization*. London: Routledge.

坪本篤郎・早瀬尚子・和田尚明（編）．2009．『「内」と「外」の言語学』東京：開拓社．

辻本智子．2004．「2つの『導管メタファー』」『表現研究』，80: 76-85．

Tversky, Barbara. 1990. Where partonomies and taxonomies meet. In Tsohatzidis, S. L. (ed.) *Meaning and Prototypes: Studies in Linguistic Categorization*, 334-44. London: Routledge.

内田聖二．2013．『ことばを読む，心を読む』東京：開拓社．

Ullmann, Stephen. 1951. *The Principles of Semantics*. Glasgow: Jackson.

Ullmann, Stephen. 1962. *Semantics: An Introduction to the Science of Meaning*. New York: Barnes & Noble.

牛江ゆき子．1995．「話し手の視点に基づく人称代名詞の選択――二人称代名詞 you の一人称的・三人称的用法について」『お茶の水女子大学人文科学紀要』，48: 127-44．

牛江ゆき子．1999．「you 以外の名詞表現を先行詞とする文内の照応表現としての一人称的・三人称的な you の用法について」『お茶の水女子大学人文科学紀要』，52: 93-118．

Vandeloise, Claude. 1990. Representation, prototypes, and centrality. In S. L. Tsohatzidis (ed.), *Meanings and Prototypes: Studies in Linguistic Categorizations*, 403-37. London: Routledge.

Van Oosten, Jeanne H. 1986. *The Nature of Subjects, Topics and Agents: A Cognitive Explanation*. Bloomington: Indiana University Linguistics Club.

渡辺慧．1978．『認識とパタン』東京：岩波書店．

ウィークリー，アーネスト（寺澤芳雄・出淵博訳）．1987．『ことばのロマンス』東京：岩波書店．

ウォーフ，ベンジャミン（池上嘉彦訳）．1993．『言語・思考・現実』東京：講談社．

Wierzbicka, Anna. 1985. Oats and wheat: The fallacy of arbitrariness. In J. Haiman (ed.), *Iconicity in Language*, 311-42. Amsterdam: John Benjamins.

Wierzbicka, Anna. 1988. *The Semantics of Grammar*. Amsterdam: John Benjamins.

Williams, Joseph M. 1976. Synesthetic adjectives: A possible law of semantic change. *Language*, 52: 461-78.

Wolfson, Nessa. 1983. *CHP: Conversational Historical Present in American English Narrative*. Berlin: Walter de Gruyter.

山口治彦．1998．『語りのレトリック』東京：海鳴社．

山口治彦．2005．「語りで味わう――味ことばの謎とフィクションの構造」瀬戸賢一ほか『味ことばの世界』，162-205．東京：海鳴社．

山口治彦．2009a．『明晰な引用，しなやかな引用』東京：くろしお出版．

山口治彦．2009b．「視点の混在と小説の語り――自由間接話法の問題をめぐって」坪本篤郎・早瀬尚子・和田尚明（編）『「内」と「外」の言語学』，217-95．東京：開拓社．

山梨正明．1988．『比喩と理解』東京：東京大学出版会．

山梨正明．2009．『認知構文論』東京：大修館書店．
山梨正明．2015．『修辞的表現論』東京：開拓社．
山添秀剛．2003．「苦くてビター」瀬戸賢一（編著）『ことばは味を超える』，215-38．東京：海鳴社．
柳父章．1982．『翻訳語成立事情』東京：岩波書店．
安井泉．1976．「『あげる』，『くれる』と『ダイクシス再編成』」『新英文科手帳』，6: 2-11．
安井泉．1982．「英語の統語構造における図像性について――近いは近い遠いは遠い」『言語文化論集』，13: 109-40．
安井泉（編）．1992．『グラマー・テクスト・レトリック』東京：くろしお出版．
安井稔．1978．『言外の意味』東京：研究社．
吉村公宏．1995．『認知意味論の方法』京都：人文書院．
Yoshimura, Kimihiro and John R. Taylor. 2004. What makes a good middle? The role of qualia in the interpretation and acceptability of middle expressions in English. *English Language and Linguistics*, 8 (2): 293-321.
吉村耕治（編）．2004．『英語の感覚と表現――共感覚表現の魅力に迫る』東京：三修社．

3．辞書・事典

『英語常用ことわざ辞典』（北村孝一・武田勝昭）．1997．東京：東京堂出版．
『英語多義ネットワーク辞典』（瀬戸賢一編集主幹）．2007．東京：小学館．
『逆引き広辞苑　第五版対応』（岩波書店辞典編集部編）．1999．東京：岩波書店．
『常用字解』（白川静）．2003．東京：平凡社．
『数え方の辞典』（飯田朝子・町田健）．2004．東京：小学館．
『数の英語表現辞典』（橋本光憲）．1999．東京：小学館．
『研究社日本語コロケーション辞典』（姫野昌子監修）．2012．東京：研究社．
『基礎日本語辞典』（森田良行）．1989．東京：角川書店．
『故事俗信ことわざ大辞典』（北村孝一監修）．2012．東京：小学館．
『古典基礎語辞典』（大野晋編）．2011．東京：岩波書店．
Longman Collocations Dictionary and Thesaurus. 2013. Harlow: Pearson Education.
『明鏡国語辞典』（北原保雄編）．2010．2版．東京：大修館書店．
『日本語大シソーラス』（山口翼編）．2016．2版．東京：大修館書店．
『プログレッシブ英語逆引き辞典』（國廣哲彌・堀内克明編）．1999．東京：小学館．
『プログレッシブ英和中辞典』（瀬戸賢一・投野由紀夫編）．2012．5版．東京：小学館．
『レトリック辞典』（野内良三）．1998．東京：国書刊行会．
『レトリック事典』（佐藤信夫・佐々木健一・松尾大）．2006．東京：大修館書店．
『新明解国語辞典』（山田忠雄主幹）．2012．7版．東京：三省堂．
『新編認知言語学キーワード事典』（辻幸夫編）．2013．東京：研究社．
『〈役割語〉小辞典』（金水敏）．2014．東京：研究社．
『字訓』（白川静）．1987．東京：平凡社．
『字統』（白川静）．1984．東京：平凡社．

4．コーパス・サーチエンジン・ウェブ情報など

Google. http://www.google.co.jp/

The British National Corpus. http://bnc.jkn21.com/

5．引用例出典

Dahl, Roald. 2005. *Charlie and the Chocolate Factory*. 東京：講談社.

Garner, James Finn. 2011. *Politically Correct Bedtime Stories*. London: Souvenir Press.

Hemingway, Ernest. 1995 [1927]. The Killers.（*Ernest Hemingway: The Collected Stories*）. London: Everyman's Library.

Hetherly, Kay. 2002. *American Pie*. 東京：日本放送出版協会.

開高健．1993．「越前ガニ」(『開高健全集 第15巻』) 東京：新潮社.

開高健．2009．『ロマネ・コンティ・一九三五年』東京：文藝春秋.

川端康成．1952．『雪国』東京：岩波書店.

Kawabata, Yasunari. 1956. *Snow Country*（Tr. by E. G. Seidensticker）. Singapore: Tuttle Publishing.

宮部みゆき．1993．『我らが隣人の犯罪』東京：文藝春秋.

向田邦子．2015．「マスク」(『無名仮名人名簿』) 東京：文藝春秋.

志賀直哉．2012．「城崎にて」(『城崎にて　小僧の神様』) 東京：角川書店.

「チューリップ」作詞：近藤宮子，作曲：井上武士.

「汽車」作詞者不詳，作曲：大和田愛羅.

「汽車ポッポ」作詞：富原薫，作曲：草川信.

Luka. 作詞作曲：Vega, Suzzane.

英和対照用語一覧

access path　到達経路
arbitrariness　恣意性
arbitrary　恣意的
attribute　特性
base　ベース
basic level　基本レベル
bounded　有界の
category　カテゴリー，範疇，類
classifier　類別詞
connotation　内包
construal　解釈
construction　構文
coverage path　範囲占有経路
cross classification　交差分類
denotation　外延
direct speech　直接話法
domain　ドメイン
ecological niche　生態的地位
element　エレメント，要素
embodiment　身体性
encyclopedic　百科事典的な
entrenchment　深く刻まれた溝
extension　外延
feature　素性
figure　図
formal　形式的
frame　フレーム
free direct speech　自由直接話法
free indirect speech　自由間接話法
ground　地
indirect speech　間接話法
informal　口的語
instance　事例

intension　内包
lm　ランドマーク
marked　有標の
morpheme　形態素
motivated　動機づけのある
motivation　動機づけ
natural category　自然種カテゴリー
natural kinds　自然種
new information　新情報
nominal kinds　名目種
Norman Conquest, the　ノルマン・コンクェスト
particle　パーティクル，副詞的小辞，不変化詞
partonomy　分節分類
performative　遂行文
performative verb　遂行動詞
phoneme　音素
phrasal verb　句動詞
profile　プロファイル
prototype　プロトタイプ
relation　関係
represented speech　描出話法
scenario　シナリオ
schema　スキーマ
semantic role　意味役割
subcategory　サブカテゴリー，下位カテゴリー，種
subjective motion　主体的移動
subjectivity　主体性
synesthesia　共感覚表現
taxonomy　包摂分類
thing　もの
tr　トラジェクター
unmarked　無標の

事項索引

1．太字で示した項目は「とくに重要な用語」であることを表す。
2．太字で示したページは、そこで見出し項目についての定義もしくは詳しい説明がなされていることを示す。
3．⇨は同一概念を表す別の用語への参照指示。

▶あ行

アーキタイプ　35　⇨元型
赤鉛筆　98-99, 100, 120
足　25, 74
頭　25, 29-30, 77
安全　14-15
一方向性の仮説　61-62, 64
一般化の you　6, 55, 58
イディオム　36
移動動詞　18, 52, 57
意味の凝縮　99, 120
意味の履歴　20-21, 23
意味役割　18
入れ物　35, 38
上を下への大騒ぎ　34
牛　11, 86
ウナギ文　14
馬　11-12, 86
エコロジー　24-25, 59, 64
エレメント　**68**, 70, 76, 94, 102, 105
円　8, 10, 16-17, 59
音素　83

▶か行

外延　68, 100
下位カテゴリー　11-12, 67, 71, 86, 117　⇨サブカテゴリー
解釈　**4**, 5-8, 10-15, 17, 19, 21, 23, 36, 43, 58, 61, 63, 80-81, 98, 100, 109, 117
可算名詞　64, 79, 84, 116
形の凝縮　99, 101, 120
〈かつ〉　73, 101, 117
カテゴリー　8, 11-12, 38, 56, 66-67, **68**, 69-71, 74-80, 83-85, 87-93, 95-98, 101-103, 105-112, 114, 117-119
角　33
カメラ　40-41, 47
カラス　106
環境　5, 24-25, 29, 59
関係　6, **28**, **42**, 43, 46, 83
関心　70, 77, 87-88, 96, 98, 103, 112
間接話法　50, 52
擬音語　27
汽車　46
汽車ぽっぽ　44-45
擬態語　27
きっぱり（と）　33
基本レベル　68, **85**, 86-87, 117
客体　5
嗅覚　27, 29, 31-32
キュウリ巻き　60
共感覚表現　6, **27**, 29-32, 34, 61, 64
金庫　8
薬　111, 116
句動詞　6, 22
首　25, 29-30, 33, 77
形式的　21
形態素　83
系統発生　35
経路　52, 56-57
ゲシュタルト心理学　28-29, 59
元型　6, 35
現象文　6, 43, **44**, 46-47
弧　8, 10, 16-17, 59
口語的　21, 42
交差分類　68, 85, 87-88
構成員　75　⇨メンバー
構文　23, 25, 29, 37, 59, 61, 64, 83

〈bang goes X! 構文〉　64
〈What's X doing Y? 構文〉　37
五感　5, 24, 27, 29-31, 59
小島　119
個体発生　35
個物　12, **66**, 67, **68**, 69, 70, 71-75, 77-80, 82, 85, 117
五味　27
固有名詞　70-71, 109

▶さ行

差異　26
先取り　96
サブカテゴリー　**66-67**, 68, 70-71, 75, 80, 82, 85-90, 92-93, 96, 98, 102-103, 117
左右　9-10, 26, 34, 59
恣意性　68, 113, 116, 118
恣意的　113, 116, 120
視覚　24, 27-32, 59
時間　49, 62
色彩名　112-113, 116
時制　48
自然種　68, 90, 94, 118
〜カテゴリー　86
地続き的　73, 81
視点　47
シナリオ　6, 20, 59
写真　16, 46, 60
種　**67-68**, 69, 72-74, 87, 98, 100, 102, 105, 117　⇨サブカテゴリー
自由間接話法　6, 50-52, 64
集合名詞　74
集団　75
自由直接話法　50-52
周辺　67-69, 72, 90-91,

102-104, 106-108, 111, 112, 114, 118
周辺視 53
受益者 18
主体 5-6, 24, 41
主体性 **5-6**, **39-40**, 41-51, 53, 55-56, 58-60, 62-63
主体的移動 6, 56-58
主体的倒置 6, 53, 57
上位カテゴリー 11, 68, 71-72, **85**, 86, **87-88**, 89, 96, 117
上下 26, 30, 34, 38, 59
ジョーク 36, 38
ショートケーキ 103, 105
女子会 91, 94
触覚 24, 27, 29, 31-32
尻 30
標つき 92
事例 6, **8**, 11-12
新情報 6, 52
身体 5, 10, 24-25, 29-30, 59, 77-78
身体性 5-6, 63
身体的基盤 24, 34-35
図 6, **28**, 29, 46, 59
遂行動詞 83
遂行文 83
スキーマ 6, **8**, 11-12, 33, 68, 85
ステッカー 41-42
隅 33
住み分け 25, **32-33**, 59, 68, **73**, 101
精神 5, 7, 78
生態的地位 6, **25**, 36-37, 64, 68, **74**
全体 10-11, 69, 72-75, 81, 117
前置詞 22-23, 28, 89
総称の you 56, 58
組織 25, 75-77, 91
素性 68, 101, 106

▶た行
「た」 48

対偶命題 68, 106
多義 13
立つ 24
男子会 94
暖色 33
地 6, **28**, 29, 46, 59
中心 67-68, 71, 90-91, 102-103, 105, 107-108, 110, 112, 114, 118
中心視 53
チューリップ 46
直接話法 50, 52
定冠詞 19, 79
テクスチャー 27, 31
電気自動車 12, 102
電気冷蔵庫 12
動機づけ 68, **113**, 116, 118, 120
動機づけのある 116
同語反復 111
陶磁器 118
道場破り 9, 12
到達経路 57
倒置文 47, 52-53, 58
トートロジー 111 ⇨同語反復
とき 62
特性 5, 9, 11, 68-69, 71, 73, 90, 91, 96, 100, **102**, 104, 106
トトロ 42-43
ドメイン 6, **16**, 17, 59-60
トラジェクター 6, 28

▶な行
内包 68, 100
二重目的語構文 18
認知主体 4-5, 58, 60
《の一部》 67, **69**, 72-75, 80-82, 117
《の一種》 11-12, **68**, 69, 71-74, 80-82, 85-88, 117
伸びる 5, 26
のり巻き 60
ノルマン・コンクェスト 6, 21

▶は行
パーティクル 22, 68, 89
場所句 52-53
範囲占有経路 57
パンケーキ 103
範疇 66 ⇨カテゴリー
半島 60
ハンドル 12
ひと休み 119
百科事典的な 7, 9, 13, 17
描出話法 50
深く刻まれた溝 97
不可算名詞 64, 79, 84, 116 ⇨質量名詞
副詞的小辞 22 ⇨パーティクル
豚 11
普通名詞 71, 74
物質 75
物質名詞 74, 79 ⇨質量名詞
不定冠詞 19, 22, 52, 79
部分 10-11, 69, 72-74, 81, 117
不変化詞 89 ⇨パーティクル
フレーム（知識） 6, 19-20, 59
プロトタイプ 68, 101, **102**, 103, 105-106, 108, 112, 118, 120
プロファイル 6, **7**, 8, **10**, 11-12, 16-17, 59-60
分節 69
分節分類 68, **69**, 72-74, 77, 80, 82, 117, 120
文法的倒置 6, 52, 60
ベース 6, **7**, 8, **10**, 11-12, 16-17, 59-60
ヘッジ 68, 107, 109
ヘッジ表現 107-110, 118
方向 52
包摂分類 **68-69**, 72-74, 77, 80, 82-83, 85, 117, 120
ぼかし表現 110

▶ま行
マグカップ 105
交わり 103

マスク　95-96
〈または〉　73, 117
味覚　24, 27, 29, 31-32, 34, 59, 62
味噌漬け　60
見る　32-33
無標の　68, 94
名目種　68, 90-91, 94, 118
目頭　30
目尻　30
目立つ　24, 29
メンバー　68, 75-76, 100
持つ　13
もの　6, **28**, 35, **42-43**, 46, 81-83

▶**や行**
有界の　68, 71, 82
有標の　68, 93
指　7, 10, 59, 76
要素　68, 70, 76, 78, 83, 90, 94, 102, 105, 110, 114
　⇨エレメント

▶**ら行**
〈らしさ〉　91, 102, 120
ラバ　105
ランドマーク　6, 28
輪郭　71, 74, 82, 91
リングサイド効果　6, **39**, 44, 46, 59

臨時事故　12
臨場する視点　6, 44-45
類（タイプ）　**66-67**, 68, 71-72, 74, 80, 87, 98, 100, 102, 105, 117　⇨カテゴリー
類型的　81
類別詞　84, 119
ルビンの杯　28
レオポン　105

▶**わ行**
わさび漬け　60
私的には　109
話法　49, 64

英語語句索引

a pair of 119
across 41, 55, 57
at 89
bachelor 9
backward forward 34
bacon and eggs 23
beautiful 17
beer 79, 84
behind 20, 29
blackboard 19
blue Monday 60
borrow 114, 115
buy 17, 18, 19, 21, 23
cause 60
chair 87, 92
chairman 92, 117
chicken 119
cow 119
dexter 10
disabled 95
dog's life 7
down 20, 23, 52
drug 111, 118
drugstore 111
email 101
engine 23
-ess 92
event 82
finger 78
fish 108, 119
fun 118
get in 95
get on 95

girl 105
glow 111
head 29
high 118
honesty 80, 81
in 22, 35, 36, 52, 58
in front of 29
index finger 76
inside 52
inside out 34
Japanese 119
jog 90
left 10
like （ヘッジ表現） 109, 116
loom 58
loosely speaking 108
lukewarm 23
many 79
money 79, 115
mook 104
much 79
neck 29
old 17
out 20, 22, 29, 89
ox 119
pancake 104
PC（politically correct） 68, 92, 93, 94, 95, 105, 117
photograph 16
purchase 21
receiver 118
red 99, 100
rent 78, 115

right 10, 26
roughly speaking 118
round table 78
run 56, 57, 90
safe 15
salad-salad 109
sell 17, 18, 23
sheep 119
sinister 10
sister 97
sit down 20
sit up 20
some 79
spinster 9
stand out 29
stewardess 92, 118
stool 87
strictly speaking 108, 118
tall 118
teach 23
television 17
thumb 60, 76
toe 76
topsy-turvy 34
up 22, 23, 58, 89, 90
upset 34
upside down 34
virtue 80, 81
voice 32
water 79
What's X doing Y 37
whisky 80

[著者紹介]

瀬戸賢一（せと　けんいち）
大阪市立大学文学研究科後期博士課程単位取得退学，博士（文学）。大阪市立大学名誉教授。主な著書に『書くための文章読本』（集英社インターナショナル，2022），『認知文法のエッセンス』（共著，大修館書店，2008），『よくわかるメタファー』（筑摩書房，2017），『時間の言語学』（筑摩書房，2017），『日本語のレトリック』（岩波書店，2002）など。

山添秀剛（やまぞえ　しゅうごう）
大阪市立大学文学研究科後期博士課程修了，博士（文学）。現在，札幌学院大学人文学部教授。主な著書に『おいしい味の表現術』（共著，集英社インターナショナル，2022），『ことばから心へ―認知の深淵―』（共著，開拓社，2020），『英語多義ネットワーク辞典』（共著，小学館，2007），『ことばは味を超える』（共著，海鳴社，2003），訳書に『「比喩」とは何か―認知言語学からのアプローチ』（共訳，開拓社，2021）など。

小田希望（おだ　のぞみ）
大阪市立大学文学研究科後期博士課程修了，博士（文学）。現在，就実大学人文科学部教授。主な著書に『おいしい味の表現術』（共著，集英社インターナショナル，2022），『プログレッシブ英和中辞典』（第5版，執筆・校閲，小学館，2012），『英語の呼びかけ語』（大阪教育図書，2010），『英語多義ネットワーク辞典』（共著，小学館，2007），『ことばは味を超える』（共著，海鳴社，2003）など。

[認知言語学演習①] 解いて学ぶ認知言語学の基礎
© Ken-ichi Seto, Shugo Yamazoe, Nozomi Oda, 2016

NDC801／ix, 141p／26cm

初版第1刷	2017年1月1日
第2刷	2022年9月1日

著者	瀬戸賢一／山添　秀剛／小田希望
発行者	鈴木一行
発行所	株式会社　大修館書店
	〒113-8541　東京都文京区湯島2-1-1
	電話03-3868-2651（販売部）　03-3868-2292（編集部）
	振替00190-7-40504
	[出版情報] https://www.taishukan.co.jp

装丁・本文デザイン	中村友和（ROVARIS）
イラスト	中村友和（ROVARIS）
印刷所	壮光舎印刷
製本所	ブロケード

ISBN978-4-469-21361-4　　Printed in Japan

Ⓡ本書のコピー，スキャン，デジタル化等の無断複製は著作権法上での例外を除き禁じられています。本書を代行業者等の第三者に依頼してスキャンやデジタル化することは，たとえ個人や家庭内での利用であっても著作権法上認められておりません。